AF220713

Das Leben ist ein Blaues Buch mit Eselsohren

Wie ich das Engbarthsche Gesetz entdeckte

GERHARD ENGBARTH

Das Leben ist
ein Blaues Buch
mit Eselsohren

Wie ich das Engbarthsche Gesetz entdeckte

Bibliografische Information der Deutschen Nationalbibliothek
Die Deutsche Nationalbibliothek verzeichnet diese Publikation
in der Deutschen Nationalbibliografie; detaillierte bibliografische
Daten sind im Internet über http://dnb.d-nb.de abrufbar.

© 2020 Gerhard Engbarth

Coverillustration: Anne Schubert
Umschlagdesign: Ruth Botzenhardt, buxdesign, München
Satz, Herstellung und Verlag:
BoD – Books on Demand, Norderstedt
ISBN 978-3-7526-3131-9

Inhalt

»Noch in meiner Kindheit saßen die Menschen um den Küchentisch herum und erzählten sich ihre Geschichten. Heutzutage tun wir das kaum mehr. Dabei ist es nicht nur ein Zeitvertreib, am Küchentisch geben wir unsere Lebensweisheit an die anderen weiter. Das Erzählen hilft uns, ein der Erinnerung wertes Leben zu leben.

Hinter all diesen Geschichten steckt eine große Geschichte. Je besser wir zuhören, umso deutlicher kristallisiert sich diese Geschichte heraus. Sie handelt davon, wer wir sind, warum wir hier sind und was uns trägt. Und in allen Geschichten geht es um dieselben Dinge, um das Besitzen und Verlieren, den Schmerz und das Staunen, um Mut, Hoffnung und Heilung, um die Einsamkeit und die Erlösung von der Einsamkeit.«

Rachel Naomi Remen

Prolog: Der Alltag als unser Lehrer

Hat Ihnen schon einmal jemand einen Tausendmarkschein Trinkgeld in die Hand gedrückt? Sind Sie schon einmal auf der falschen Beerdigung gewesen? Beides habe ich erlebt.

Auch wenn diese beiden Begebenheiten spektakulär sind, so sind es doch Geschichten, die sich im Alltag ereignet haben, und obwohl sich das Mosaik unseres Lebens aus tausend Alltäglichkeiten zusammensetzt, gebrauchen wir das Wort »Alltag« in der Regel negativ, reden vom »grauen Alltag« und »Alltagsroutine«, von »Alltagsstress« und »alltäglichem Wahnsinn« – und nennen die Ferien »Urlaub vom Alltag«.

Ich aber sehe im Alltag einen Lehrer, der uns rund um die Uhr zur Verfügung steht. Keiner arbeitet konsequenter und effizienter als er. Das müssen Sie mir nicht unbesehen glauben. Setzen Sie sich zu mir an den Küchentisch. Ich will Ihnen von einem Haus erzählen und was ich dort erlebt habe.

Pension zum Glück – Die Ankunft

Nie werde ich den Augenblick vergessen, als ich in N. unvermittelt vor der »Pension zum Glück« stand. Wie lange hatte ich vergeblich nach ihr gesucht, und nun, da ich gar nicht auf der Suche war, stand ich plötzlich vor ihr.

Das Äußere des Hauses und die Fotos der Zimmer im Schaukasten an der Hauswand waren so einladend, dass ich wusste: Hier will ich bleiben. Im Schaukasten war zu lesen: Nähere Informationen an der Rezeption.

Ich öffnete die Tür. Im Eingangsbereich stand eine Empfangstheke mit zwei voneinander getrennten Bereichen, über dem linken das Schild REZEPTION, auf der Theke eine Messingglocke. Ich betätigte sie. Eine Dame, nicht mehr ganz jung, doch keinesfalls alt zu nennen, öffnete den Veloursvorhang hinter der Theke und trat nach vorne.

»Herzlich willkommen. Was kann ich für Sie tun?«

»Sagen Sie mir bitte, was Ihre Zimmer kosten?«

»Gerne. Drei Übernachtungen sind frei«, antwortete die Dame, »Sie sind für 72 Stunden unser Gast.«

»Wie schön! Doch ich möchte gerne länger bleiben.«

»Da muss ich Sie leider enttäuschen. Längere Aufenthalte sind bei uns nicht vorgesehen.«

»Wieso nicht? Ich zahle selbstverständlich dafür. Warum nur drei Tage?«

»Weil unser Haus einzigartig ist. Reisende aus aller Welt wollen hier logieren und für immer bei uns bleiben. Wenn wir dem stattgäben, wäre nicht Platz für alle.«

»Aber das ist doch … «, ich rang um Worte.

Die Dame nickte: »Ich weiß. Jeder ist erst einmal enttäuscht, bis ich an unser Reisebüro verweise.«

»Sie haben auch ein Reisebüro?«

»Gleich nebenan.« Sie wies auf den zweiten Schalter, lächelte und verschwand hinter dem Vorhang.

Ich wandte mich nach rechts und betätigte die dort liegende Glocke. Durch den Vorhang an der Rückwand des Schalters erschien dieselbe Dame und trat vor.

»Was kann ich für Sie tun?«

»Sie haben mich doch gerade abgewiesen.«

»Aber nur in puncto Daueraufenthalt in der Pension. Im Reisebüro kann ich für Sie tätig werden.«

»Das verstehe ich nicht.«

»Dabei ist es so einfach. Julius Stinde hat es so ausgedrückt: ›Das Glück hat keine Stätte und wir sind nur glücklich, solange wir es suchen.‹«

»Und wie wollen Sie für mich tätig werden?«

»Ich kann Ihnen bei der Suche helfen, Ziele vorschlagen, Verbindungen heraussuchen, Fahrpläne ausdrucken.«

»Gibt es eine Liste der Reiseziele?«

»Aber sicher.« Sie zog ein Buch mit blauem Einband aus dem Regal, nahm einen Schlüssel vom Schlüsselbrett, legte ihn auf das Buch und schob mir beides hin: »Zimmer eins im ersten Stock.« Sie wies auf das Treppenhaus und verabschiedete sich mit einem Kopfnicken. Ich ging die Stufen hoch und schloss die Zimmertür auf. Dann machte ich mich frisch, ließ mich im Ohrensessel nieder und begann zu lesen.

…

Der Geschichtenerzähler

Fritz Rau – und der Zauber der Begegnung

Menschen sitzen im Kreis. Einer erzählt, die anderen hören zu. Der Erzähler ist 81 und sitzt im Rollstuhl. In seinem Berufsleben ist er der erfolgreichste Konzertveranstalter Europas gewesen.

Fritz Rau nennt das Rezept für seinen Erfolg: Jeden Morgen eine Stunde früher aufstehen als die Konkurrenz und jeden Abend mehr als eine Stunde länger arbeiten.

Wenn er erzählt, was er mit Bob Dylan, Mick Jagger und Michael Jackson erlebt hat, interessiert das besonders diejenigen Zuhörer, die früher seine Konzerte besucht haben.

Doch nicht nur von seinen Erfolgen erzählt Fritz Rau, sondern auch von den Fehlern, die er gemacht hat, von seinem Scheitern, dass er den beruflichen Erfolg mit sträflicher Vernachlässigung seines Familienlebens bezahlt hat, dass ihm nach dem Eintritt in den Ruhestand die Decke auf den Kopf gefallen ist und er Depressionen bekam, aus dem Gefühl heraus, das Leben sei vorbei, es käme nun nichts Neues mehr, und er könne nur noch auf den Tod warten.

Als er das sagt, ist es mucksmäuschenstill. Jeder merkt: Was er von sich offenbart, hat auch mit mir zu tun. Der Mann ist echt, weil er die Schattenseiten nicht ausspart. Dunkel und Angst sind Teil auch unseres Lebens. Manchmal stehen wir am Abgrund und kein Rang, kein Titel, keine Verdienste, die wir vielleicht erworben haben, sind noch von Belang, nichts, was wir jemals waren, hat Gewicht, es zählt allein, was wir jetzt sind und wie wir zu unserem Schicksal stehen, ob wir es annehmen oder mit ihm hadern – und die Beziehungen zu jenen zählen, deren Wege wir kreuzen.

Menschen sitzen im Kreis und erzählen einander Geschichten seit tausend Generationen, früher in Felle gehüllt, um ein Feuer herum auf der Erde kauernd, heute in geheizten Räumen, auf gepolsterten Stühlen sitzend.

Geschichtenerzähler sind erfahrene Männer und Frauen, die ihren Schatz an Lebenserfahrung weitergeben an die Jüngeren. Sie sind existentiell wichtig, weil sie trotz Dunkel und Angst »dennoch« sagen, einen Lobpreis auf die Liebe singen und das Lied der Dankbarkeit anstimmen.

Eine Zuhörerin aus dem Kreis sagt hinterher, sie habe das Gefühl, der 81-jährige Fritz Rau sei beim Erzählen immer jünger geworden und sie hätte ihm noch stundenlang zuhören können – sie hat den Zauber echter Begegnung erlebt.

…

Während des Lesens hatte ich die Empfindung, ein Déja-vu zu erleben. Es klopfte.

»Herein.«

Die Dame öffnete die Tür einen Spaltbreit: »Entschuldigen Sie bitte die Störung, aber ich hatte vergessen, Ihnen mitzuteilen, dass um zwölf Uhr im Speisesaal das Mittagsmenü serviert wird.«

»Oh ja, danke für die Information, ich werde da sein.«

Ich blätterte im Blauen Buch und blieb an folgender Geschichte hängen.

…

Ditmar und die Düssel –
von Schuhen und Schritten

Im Juni 1969 machte ich Abitur. Im Juli wurde ich 19 und hatte keine Ahnung vom Leben. Das Studium sollte im Herbst beginnen. So nahm ich im Sommer an der »Ökumenischen Aktion 69« teil, zu der sich 120 junge Menschen aus aller Welt in Düsseldorf trafen, um mit Sozialarbeitern vor Ort die sozialen Brennpunkte einer Großstadt in praktischer Arbeit kennenzulernen. Ich hatte mich für die Gruppe entschieden, die drei Wochen lang mit Kindern aus der Notunterkunft Tichauer Weg Ferienaktivitäten unternehmen wollte: Ausflüge machen, ins Schwimmbad gehen, ein Kinobesuch, ein Zoobesuch; bei schlechtem Wetter würden wir basteln.

Für einen strahlend heißen Julitag hatten wir ein Picknick vorbereitet und alles besorgt, das es braucht, Kinderherzen höher schlagen zu lassen: Grillwürste, Senf, Ketchup, Mayo und drei Körbe voller Brötchen und Getränke. Unser Ziel war eine Wiese am Waldrand, auf der die Kinder nach Herzenslust spielen konnten: toben, verstecken, Fußball spielen und Holz für das Grillfeuer sammeln.

Durch die Wiese lief ein Bach, den die Kinder »de Düssel« nannten. Ich muss erwähnen, dass für die Kinder jedes Gewässer »Düssel« hieß. Sie zogen die Schuhe aus, plantschten im Wasser und spritzten sich nass, dass es die helle Freude war. Für uns Betreuer war der Bach ideal, weil er einerseits so flach war, dass kein Kind darin ertrinken konnte, andererseits strömte er so frisch und flott dahin, dass niemandem langweilig wurde.

Mit seinen blonden Locken sah der achtjährige Ditmar wie ein Barockengel aus, ein stiller Junge, ein Denker, von den anderen oft gehänselt, doch ließ er sich nicht unterkriegen. Er baute ein Wehr in die Düssel hinein.

Nach und nach kamen die Kinder aus dem Wasser, nur Ditmar baute düsselaufwärts noch an seinem Wehr. Max versteckte einen von Ditmars Schuhen und rief: »Ditmaaar, deine eine Schuh is in de Düssel jefallen.« Ditmar sprang aus dem Wasser, rannte zu uns her und suchte mit den Augen die Düssel nach seinem Schuh ab, doch kein Schuh war zu sehen. Max rief: »Zu spät! Deine Schuh is fortjeschwommen.«

Für Momente war Ditmar starr vor Schreck, dann zuckte er die Achseln: »Jeschimpft krieg ich sowieso, watt soll ich noch mit die andere Schuh?«, nahm ihn und warf ihn ins Wasser. Sprachlos starrten alle dem Schuh nach, den die Düssel mit sich forttrug, bis Max den ersten Schuh aus dem Versteck holte: »Is doch nur Spaß jewesen, Ditmar.«

Der Scherz hatte eine tragische Wendung genommen. Ditmar schluckte, Tränen liefen ihm übers Gesicht, er weinte. Ich nahm ihn in den Arm, um ihn zu trösten. Wir überlegten und fanden schließlich die Lösung: Wir würden Ditmar neue Schuhe kaufen. Auf dem Heimweg machten wir an einem Schuhgeschäft Halt, und er durfte sich das Paar aussuchen, das ihm am besten gefiel. Wie war er stolz, als ihm alle, halb bewundernd, halb eifersüchtig, dabei zuschauten, wie er sich für ein Paar quietschgrüner Sandalen entschied.

Vom Sommer 1969 ist mir zweierlei in Erinnerung geblieben: Neil Armstrongs erster Schritt auf dem Mond, den er kommentierte, es sei »ein kleiner Schritt für einen Menschen und ein riesiger Sprung für die Menschheit« – und Ditmars erster Schritt in den grünen Sandalen. Für die Menschheit mag er von geringer Bedeutung gewesen sein, doch für Ditmar und uns alle, die es miterlebten, war es der riesigste Sprung, der sich denken lässt.

...

Die Empfindung des Déjà-vu war stärker geworden. An der Stelle mit den grünen Sandalen war es so intensiv, dass ich nicht nur die Schuhe vor Augen hatte, sondern auch das Leder riechen und die Zwirnsnähte unter den Fingerspitzen spüren konnte. Ich legte das Blaue Buch aufgeklappt auf die Lehne des Ohrensessels und ging zum Speisesaal, in dessen

Mitte ein einziger Tisch eingedeckt war. Neben dem Teller standen ein Kristallglas und zwei Karaffen, die eine mit Rotwein, die andere mit Wasser gefüllt. Ich setzte mich. Als die Dame an meinen Tisch trat, erwartete ich, dass sie mir die Speisekarte vorlegen würde, doch sie stellte einen Teller dampfend heißer Suppe vor mir ab.

»Ich wünsche guten Appetit«.

»Danke.«

Die Kürbiscremesuppe schmeckte köstlich. Als Hauptspeise gab es Gnocchi Gorgonzola – ich liebe Gnocchi Gorgonzola. Zum Nachtisch luftig-leichte Orangencreme, garniert mit Wibele, Mini-Plätzchen aus Eiweißschaum, die mich regelmäßig in Ah- und Oh-Rufe ausbrechen lassen, wenn ich Freunde im badischen Pforzheim besuche.

Nach dem Essen kehrte ich in mein Zimmer zurück und ließ mich im Sessel nieder. Ich nahm das Blaue Buch von der Lehne und las.

...

Erde – New York, 1970

Der Mann ist alt und schwarz. Er hebt die Bierdose und nickt mir zu: »Cheers!« Ich proste zurück, ihm und den anderen drei Männern auf der Parkbank mir gegenüber. Wir trinken. Lagerbeer. Zu kalt und zu leicht, um sich zu betrinken, wenn man deutsches Bier gewohnt ist.

Die Bänke stehen auf dem Grünstreifen, der den Broadway in New York teilt: Rechts von mir vier Straßenspuren in Richtung Norden, links vier nach Süden.

August 1970, und ich bin zwanzig. Lori und Linda wollten mich mitnehmen ins Kino, zu zwei Kultfilmen mit

W. C. Fields und Mae West. Die am Broadway gesehen zu haben, sei cool. Ich habe ihnen gesagt, sie sollten ohne mich ins Kino gehen. Ich wollte lieber einen Sixpack Bier kaufen und mir draußen auf der Straße den Live-Film anschauen.

Der alte Mann sieht mich an. »Hast du jemals Erde gerochen, wenn sie gerade gepflügt worden ist?«

Ich schüttele den Kopf.

»Unten in Mississippi ist sie schwarz. Gute, schwarze Erde! Und du weißt nicht, wie sie riecht, Mann? Da bist du arm dran.«

Ich zucke die Achseln und der alte Mann schließt die Augen: »Großvater hatte zwei Maultiere zum Pflügen, Lula und Belle. Ich war fünf oder sechs, und jeden Morgen bei Sonnenaufgang bin ich mit ihm raus aufs Feld gegangen. Kannst du dir vorstellen, wie sehr ich den Duft der schwarzen Erde vermisse?« Ich nicke impulsiv, na klar, kann ich das. »Yes, I can.«

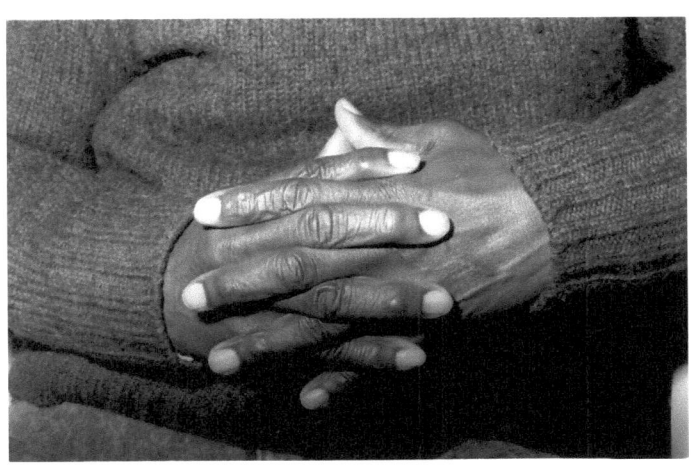

Der alte Mann sieht mich prüfend an. Dann schüttelt er den Kopf: »No, you cannot!« Ruhig und fest sagt er das – und ich weiß, er hat recht. Und er spricht weiter: »Wenn die Sonne aufgeht, dampft die Erde, und sie erzählt dir ihre Geschichte. Wenn du gut zuhörst, kannst du dabei 'ne Menge über dich selbst erfahren, aber du musst still sein und den Schnabel halten. Die Erde spricht nicht zu Schwätzern.«

Wir trinken unsere Bierdosen leer. Der alte Mann hat nichts mehr zu mir gesagt.

o

Gestern habe ich vier Rosenstöcke gesetzt, in dem Beet entlang der Mauer zur Haustür. Da ist mir diese Begegnung in New York wieder eingefallen. 50 Jahre ist das her.

In meiner Heimat an der Nahe ist die Erde nicht schwarz wie in Mississippi; rotbraun und lehmig ist sie hier. Ich habe die Rosenstöcke auch nicht bei Sonnenaufgang früh am Morgen gepflanzt, es war später Nachmittag, bei leichtem Nieselregen. Aber gerochen habe ich die Erde, und sie hat zu mir gesprochen. Sie hat mir gesagt, dass ich reich bin.

…

Als ich gähnte und merkte, wie müde ich war, legte ich die Füße hoch und las die nächste Geschichte auf dem Bett liegend.

…

Papa und Mama – und die eine Religion

Etliche Jahre schon esse ich meinen Döner bei Nurettin Durmus. Manchmal fragt er, ob ich einen Tee mit ihm trinken möchte. Ich mag das türkische Nationalgetränk im Allgemeinen, mit Nurettin trinke ich es besonders gerne. Er bringt die zwei tulpenförmigen Gläser, setzt sich zu mir, und wir tauschen Mosaiksteine unserer Biografien aus. So hat sich mit der Zeit mein Bild von seinem Leben zusammengesetzt.

1960 ist Nurettin in Ankara zur Welt gekommen. Als er zehn war, ging sein Vater Ahmed nach Deutschland. Zwei Jahre später kam die Familie nach. Als 1973 alle zum ersten Urlaub in die Türkei fuhren, starb der Vater am ersten Urlaubstag an einem Herzinfarkt. Die Familie kehrte zurück nach Deutschland, und Nurettin machte in Oberdiebach eine Lehre als Bauschlosser. Danach fuhr er jahrelang Omnibusse mit Reisegesellschaften quer durch Europa. Des Reisens müde, wurde er Mitarbeiter im Restaurant »Sultan« in Bad Kreuznach und zog Ende der 90er Jahre nach Sobernheim, wo er sein eigenes Restaurant »Bella Türkiye« eröffnete.

Als wir dort zusammensitzen, sagt er: »Ich freu' mich so. Heute kommen Papa und Mama zum Kaffeetrinken.«

Ich stutze: »Papa und Mama? Ich denke, dein Vater ist schon lange tot.«

Nurettin sagt: »Heute kommen meine deutschen Eltern.«

»Das musst du mir erklären«, antworte ich.

Er lacht: »Sei zum Kaffeetrinken hier, dann lernst du sie kennen und hörst die Geschichte.«

Als ich komme, sind Manfred und Wilma Hoffmann schon da. Nurettin stellt mich vor und bietet mir Platz an. Ich setze mich. Die Hoffmanns sind hoch in die 80 und waren im Beruf Gymnasiallehrer, Manfred in Kirn und Wilma in Bad Kreuznach. Als sie im »Sultan« aßen, wurden sie von Nurettin bedient. Er war ihnen auf Anhieb sympathisch, und die Hoffmanns wurden Stammgäste. Nurettin erinnert sich mit einem Lächeln: »Sie haben immer das Gleiche gegessen: Papa einen Dönerteller mit Reis, viel Knoblauchsoße und Brot und Mama eine türkische Pizza.«

Nurettins Frau Fatma bringt ein Kind zur Welt, Tochter Günseli. Nurettin erzählt vom freudigen Ereignis. Die

Hoffmanns besuchen Fatma im Krankenhaus, um ihr zu gratulieren und bringen Obst und Schokolade mit. Als die Ärzte feststellen, dass Günseli einen Herzfehler hat, wird das sechswöchige Kind zweieinhalb Monate in der Uniklinik behandelt. Nurettin muss jeden Tag eine Flasche Muttermilch nach Mainz bringen. Weil er kein eigenes Auto hat, leiht er sich eines bei seinem Arbeitgeber. Die Hoffmanns hören das – und handeln: Manfred Hoffmann übergibt Nurettin seine Autoschlüssel und sagt: »Du kannst das Auto so lange haben, bis das Kind gesund ist.« Nurettin ist überglücklich und fragt die beiden, die keine eigenen Kinder haben: »Darf ich Papa und Mama zu euch sagen?«

Er sieht mich an: »Nie werd' ich die Stunden vergessen, in denen die Familie zusammengekommen ist, um für Günseli zu beten. Schwiegermutter Teslime hat muslimische Gebete auf türkisch gesprochen und Papa und Mama christliche Gebete auf deutsch.«

Nurettin schüttelt den Kopf: »Soll mir keiner kommen mit einem Gott, der die Menschen aufteilt nach richtiger und falscher Religion. Eine Religion, die Menschen trennt, ist keine. Es gibt nur eine Religion: die der Liebe.«

Kurz darauf kommt Günseli und sagt Hallo. Im Mai ist sie 20 geworden.

…

Ich wachte von meinem eigenen Schnarchen auf. Die Augen mussten mir zugefallen sein, und ich war eingeschlafen. Diese Geschichte war mir ebenso vertraut wie die ersten drei. Ob ich sie schon einmal geträumt hatte?

Aber nein, das war kein Traum und auch kein Déjà-vu. Die Geschichte kam mir nicht eines psychologischen Phäno-

mens wegen bekannt vor, sondern, weil ich sie erlebt hatte,
nicht im Traum, nicht in der Phantasie, sondern in Wirk-
lichkeit, vor zehn, zwölf Jahren vielleicht. Doch wie kam sie
in das Blaue Buch? Ich beschloss, es nun von Anfang an zu
lesen.

...

Das Engbarthsche Gesetz

Nasrudins Esel – was uns nährt

Wie setzen Sie sich beim Zugfahren, wenn Sie die Wahl haben? In oder gegen die Fahrtrichtung? Ans Fenster oder zum Gang hin? Die Frage beschäftigt mich schon lange, und ich habe viele Reisende befragt, mit folgendem Ergebnis: 9 von 10 setzen sich lieber in Fahrtrichtung, 7 von 10 bevorzugen den Platz am Fenster, wobei es Rechtshänder zur rechten und Linkshänder zur linken Fensterreihe zieht.

Warum ist das so? Für mich gibt es nur eine plausible Erklärung: Wir misstrauen dem hohen Zugtempo und wollen als Augentiere den Überblick über das behalten, was auf uns zukommt, wollen im Auge haben, auf was wir uns in rasender Fahrt zubewegen. Deshalb setzen wir uns in Fahrtrichtung ans Fenster, auf die Seite unserer starken Hand, damit wir notfalls mit dem roten Hämmerchen die Scheibe einschlagen könnten, wenn wir uns in Sicherheit bringen müssten.

Mein Freund Nurettin hat mir von Mullah Nasrudin erzählt, einem türkischen Eulenspiegel aus der Zunft weiser Narren, der mir auf Anhieb gefiel, als ich hörte, dass er seinen Esel verkehrt herum sitzend reitet, den Rücken nach vorne, die Nase nach hinten.

Gefragt, warum er das tue, antwortete er: »Wo mein störrischer, alter Esel mit mir hinläuft, kann ich eh nicht bestimmen, aber wo ich herkomme, das sehe ich, so sitzend, ganz genau.«

Sie finden das komisch? Man kann etwas eben so sehen oder so. Wenn Sie sich bei Ihrer nächsten Zugfahrt in Fahrtrichtung ans Fenster setzen, denken Sie an Mullah Nasrudin – er würde sich kugeln vor Lachen. Wie er schaue ich hin, wo ich herkomme, und was ich unterwegs an Merk-Würdigem erlebe, das schreibe ich auf.

…

In einem Wachtraumbild sah ich Mullah Nasrudin mit dem Rücken zur Fahrtrichtung auf einem ICE sitzen und in einem Höllentempo an mir vorbeirasen, während ich vorwärts sitzend, auf Nasrudins Esel saß, der weder vor noch zurück wollte, weil er gerade dabei war, eine Distelidylle kahlzufressen. Ich blätterte weiter.

…

Leo, wir leben –
von einem Barometer, das besseres Wetter macht

Bei einem Barometer schließen wir vom Steigen und Fallen des Luftdrucks auf die Entwicklung der Wetterlage. Aus einem Satz, der Salvador Dali zugeschrieben wird, habe ich ein Barometer für meine Seelen-Wetterlage gemacht, indem ich Dalis Namen durch meinen ersetzt habe: »Jeden Morgen beim Erwachen genieße ich das erhabene Vergnügen, Gerhard Engbarth zu sein.«

Testen Sie diesen Satz doch einmal für sich, indem Sie Ihren Namen einsetzen: »Jeden Morgen beim Erwachen genieße ich das erhabene Vergnügen, …… …… zu sein.«

Wie fühlen Sie sich? Haben Sie gerade gelächelt oder geseufzt? Lächeln zeigt Hochdruckgebiete an, Schönwetterlagen der Seele: Das Leben ist leicht wie eine Flaumfeder. Seufzen weist auf Tiefdruckgebiete hin, in denen das Leben schwer wie Blei auf uns lastet.

Ich erinnere mich, wie ich einmal an der Kasse eines Supermarktes stand und meine Einkäufe aufs Band legte, als die Kassiererin aufsah und mich fragte: »Ist es so schlimm?«

Was meinte sie? Da wurde mir bewusst, dass ich gerade geseufzt hatte. Ich antwortete: »Besser gut geseufzt als gar kein Spaß im Leben.« Der Satz war mir irgendwann eingefallen, und nun war eine gute Gelegenheit, ihn an den Mann, beziehungsweise an die Frau zu bringen. Die Kassiererin nickte: »Da haben Sie aber wirklich Recht!«

In dem Moment ist es mir schon besser gegangen. Wie gut uns Mitgefühl tut. Wenn jemand aufrichtig Anteil nimmt, ist das Balsam für die Seele. Ein Lächeln im Vorübergehen, mehr braucht es oft nicht, uns aufzuwecken, aufzuheitern.

Mein Freund Leo ist Krankenpfleger in einer großen Klinik und hat mir folgende Geschichte erzählt: An einem Tag, an dem er sehr niedergeschlagen war, musste er in die Pathologie im Keller des Krankenhauses, die Abteilung mit den Kühltruhen und Bahren, um der Pathologin eine Akte zu bringen. Als er die Tür öffnete, sah er sie über den Seziertisch gebeugt stehen, mit einer Untersuchung beschäftigt.

Sie richtete sich auf, drehte sich um und schaute Leo an. Offenbar spürte sie genau, was mit ihm los war und sagte: »Aber Leo … wir leben!«

Ersetzen Sie Leos Namen doch einmal durch Ihren und stellen sich vor, wie Sie in niedergeschlagener Stimmung die Pathologie betreten, wie die Ärztin sich vom Seziertisch aufrichtet und sich umdreht, Sie anschaut und zu Ihnen sagt: »Aber …, wir leben!«

Die Wirkung dieses Satzes zeigt nicht nur die Wetterlage Ihrer Seele an, sondern kann schlagartig besseres Wetter machen. Kennen Sie ein anderes Barometer, das dazu in der Lage ist? Ich nicht.

Ich sollte den Satz zum Patent anmelden. Umgehend.

…

Ich war müde und hatte Kaffeedurst. Das Telefon wies drei Tasten auf: »Empfang«, »Reisebüro« und »Restaurant«. Ich drückte die Restaurant-Taste.

Die Dame meldete sich.

»Können Sie mir bitte einen Cappuccino aufs Zimmer bringen?«

»Gerne.«

Kurz darauf klopfte es. Sie brachte den Kaffee auf einem ovalen gelben Tablett. Neben der Tasse langen drei der Kekse, die ich wegen ihres Karamellgeschmackes so mag und weil sie beim Kauen warm im Mund machen.

»Das ist aber … woher wussten Sie?«

Sie strahlte: »Kleiner Service des Hauses: drei Tage – drei Kekse.«

»Vielen Dank.«

»Gerne.«

Ich setzte mich aufs Bett, stellte das Tablett auf die Konsole und schlürfte einen Schluck Cappuccino. Ich genoss den Karamellgeschmack und die Wärme auf der Zunge und wandte mich der nächsten Geschichte zu.

…

Jimmy Rogers' Rat –
von Freunden und Sparringspartnern

Wenn ich an wichtige Begegnungen in meinem Leben denke, fällt mir der Oktober 1972 ein, als ich drei Wochen lang als Gast von Horst Lippmann und Fritz Rau die Tournee des American Folk Blues Festivals im Tourneebus mitgefahren bin.

Um von den Musikern lernen zu können, hatte ich meine Gitarre und einen Cassettenrecorder mitgenommen. Der Pianist Roosevelt Sykes hat meine Gitarre gespielt – 1974 bin ich mit ihm meine erste Tour als Roadie gefahren. Der Gitarrist Bukka White hat meine Gitarre gespielt – am Ende der Tour hat er mich eingeladen, ihn in München bei den Aufnahmen für seine LP »Baton Rouge Mosby Street« auf der Mundharmonika zu begleiten. Der Mandolinenspieler Johnny Young hat meine Gitarre gespielt – und wir sind Freunde geworden. Und schließlich hat der Gitarrist Jimmy Rogers meine Gitarre gespielt – und mir den vielleicht wichtigsten Rat für mein Leben gegeben.

Wir hatten auf der Autobahn zum Mittagessen an einer Raststätte Halt gemacht. Ich setzte mich an den Tisch zu Roosevelt Sykes, nicht nur ein virtuoser Pianist, sondern auch ein Mann mit eigenständiger Lebensphilosophie, dem ich als 22jähriger, der vom Leben keine Ahnung hatte, mit Ohrlöffeln zuhörte, so groß wie Ohren Deutscher Riesenschecken.

Nach dem Essen gingen wir zur Toilette, wo ich eine Zeitlang auf Roosevelt warten musste, bis er mit seiner Sitzung fertig war. Auf dem Rückweg merkte ich, dass wir die festgesetzte Abfahrtszeit knapp überschritten hatten. So stiegen wir als Letzte in den Bus ein. Der Tourneeleiter mit Namen Fingerhut blaffte mich an: »Wenn du meine Musiker mit deinem Gequatsche nochmal davon abhältst, pünktlich zur Abfahrtszeit am Bus zu sein, fliegst du raus und kannst per Anhalter weiterfahren.«

Roosevelt Sykes wollte wissen, was da los sei. Ich erklärte es ihm. Er antwortete: »Wenn ich esse, dann esse ich, und wenn ich kacke, dann kacke ich, und ich hetze mich weder beim einen noch beim anderen. Punkt.«

Fingerhut interessierte das nicht. Er hatte sich hinter Sonnenbrille, Kopfhörer und »Riebes Fachblatt für die deutsche Musikerscene« verschanzt. Als ich mich neben Jimmy Rogers setzte, schossen mir Tränen der Wut und Ohnmacht in die Augen und liefen mir übers Gesicht, weil ich so ungerecht behandelt worden war.

Jimmy Rogers legte seine Hand auf meine Schulter: »Hör mal, Gary, ich bin in meinem Leben 'ner Menge Vollidioten begegnet. Wenn von zehn Mann neun Mann beknackt sind, lass sie

links liegen und such den einen Guten. Unter hundert Blöd-
männern sind das dann schon zehn Gute. An die halte dich.
Und jetzt hol mal deine Gitarre aus dem Koffer und schalt'
den Recorder ein. Ich zeig dir einen coolen Blues-Shuffle in E.«

Die Cassette mit Jimmmy Rogers' coolem Blues-Shuffle
in E muss noch irgendwo im Haus liegen. Vor 40 Jahren
hab' ich sie zum letzten Mal gehört, aber Jimmy Rogers'
Musik klingt auch ohne sie noch so lebendig in mir wie
sein Rat.

Mit den Jahren habe ich ein Gespür für die zehn Guten
entwickelt und mich mit ihnen angefreundet. An den anderen 90 kommt man ja nun nicht immer vorbei, doch seit
ich gelernt habe, sie als Sparringspartner zu sehen, die mir
Widerstand leisten, an dem ich wachsen kann, komme ich
ganz gut zurecht.

...

*Ich aß den dritten Keks und schleckte den Rest des Milch-
schaums vom Tassenrand. Leider hatte der Kaffee mich
nicht wirklich wach gemacht. Ich faltete das Kopfkissen so,
dass ich bequem lesen konnte, legte mich aufs Bett und las
die nächste Geschichte.*

...

Das Engbarthsche Gesetz –
von Maxi-Pellets und Geistesblitzen

Manche Tage fangen ganz normal an: Ich denke mir weiter nichts, und plötzlich durchzuckt mich ein Geistesblitz,
und ich habe etwas entdeckt, ein neues Naturgesetz zum

Beispiel. Dann fühle ich mich wie Albert Einstein, als er der Relativität auf die Schliche gekommen ist und die Theorie ausgetüftelt hat, die heute seinen Namen trägt. Genauso wird man künftig vom »Engbarthschen Gesetz« sprechen.

Angefangen hat das vor Jahrzehnten, als ich den Pellets-Ofen meiner Eltern reaktiviert habe, der jahrelang ungenutzt im Keller gestanden hatte. Zum Glück hatten meine Eltern ihn nicht weggegeben. Gut, die damaligen Öfen wurden mit Maxi-Pellets beheizt. Das sind Holzstücke, etwa 30 Zentimeter lang und 15 Zentimeter dick, starkes Material, anders als dieser modische Schnickschnack von Mini-Pellets heutzutage. Waren die Holzstücke zu klobig, musste man sie eben spalten, und so ist es heute noch.

Jetzt sind aber die Schnittflächen fast aller Holzstücke leicht schräg. Man kann sie drehen und wenden wie man will, doch gerade stehen sie nie, und wenn man sie spalten will und Pech hat, fliegen sie einem um die Ohren. Als ich wieder einmal solch ein widerspenstiges Teil vor mir hatte, das mir schon zwei Mal vom Hackklotz gesprungen war, habe ich es angeknurrt: »Noch einmal und es passiert was.« Als es zum dritten Mal vom Hackklotz sprang, i s t etwas passiert: Ich habe das Zweite Engbarthsche Gesetz entdeckt, das besagt: »Einmal schief ist schief, und zwei Mal schief ist wieder gerade.«

Praktisch heißt das: Ich habe bei meinem Holzhändler einen Hackklotz bestellt, dessen obere Fläche leicht schräg sein sollte, was bewirkt, dass jedes schiefe Holzstück sich durch Drehen und Wenden so platzieren lässt, dass es am Ende gerade steht und sich bequem spalten lässt. Mein Holzhändler hat den Auftrag ausgeführt, und seitdem hat sich das Zweite Engbarthsche Gesetz tausendfach in der

Praxis bewährt und ist somit bewiesen: »Einmal schief ist schief, und zwei Mal schief ist wieder gerade.

Ist dies das Zweite Engbarthsche Gesetz, so muss es auch ein erstes geben. Es lautet: »Nie stimmt immer alles«. Drei der vier Worte treten mit Absolutheitsanspruch auf: die drei egomanischen Brüder »Nie«, »immer« und »alles«. Das Wort »stimmt« erscheint wie deren harmonieliebende Schwester, die bemüht ist, Eintracht in der Erbauseinandersetzung der vier Geschwister herzustellen.

Fügen Sie beide Gesetze zusammen, ergibt sich ein Ganzes. Nennen Sie es meine »Weltformel«, wenn Sie mögen. Sie lautet: »Nie stimmt immer alles. Doch einmal schief ist schief, und zwei Mal schief ist wieder gerade.«

Die Formel gilt nicht nur für Holz, sondern für alles Schräge. Das Leben plant nicht mit Zirkel und Lineal, das Leben zeichnet freihändig. Was es hier versetzt, gleicht es dort wieder aus; was es heute weglässt, gibt es morgen dazu. Im Grunde einfach, doch nicht einfach zu erkennen. Ein halbes Jahrhundert habe ich gebraucht, es herauszufinden, 50 Jahre des Lernens, Dazulernens und Umlernens, 600 Monate des Beobachtens, 18.250 Tage des Fragestellens und Schlüsseziehens.

Bis zur Verleihung des Nobelpreises kann es nur eine Frage der Zeit sein, wobei verpflichtender Dresscode für Herren der Frack ist. Bisher war ich ohne ausgekommen, nun würde ich einen brauchen, nicht eben billig, doch bei einem Preisgeld von 883.000 Euro ein Klacks.

Ich sah mich in der Werkstatt von Wiesbadens nobelstem Herrenausstatter stehen, dessen Inhaber persönlich meine Maße ermittelte, indem er mir mit einem digitalen Metermaß über Brust, Schultern, Taille, Bauch und Beine strich. Das Speichern des Messvorgangs wurde durch ei-

nen Piepton angezeigt, erst leise, dann lauter, ja schließlich
aufdringlich laut – fast klang es wie ein Wecker.

...

*Als ich die Augen öffnete, sah ich: Es w a r ein Wecker: der
Radiowecker in meinem Zimmer, der 17.45 Uhr anzeigte.
Der Gast vor mir musste vergessen haben, ihn auszustellen.
Wie ärgerlich! Dem Nobelpreis so nahe … und dann das!*

*Mir fiel das Gesetz ein, von dem ich geträumt hatte und
das meinen Namen trug. Offenbar hatte sich mein Geist einen Wunschtraum erfüllt, bis mich der Wecker so unsanft
aus meinem noblen Traum gerissen hatte.*

*Ich nahm das Blaue Buch und ging in den Speisesaal. Die
Dame begrüßte mich: »Guten Abend. Haben Sie gut geschlafen?«*

»Guten Abend … woher wissen Sie?«

Sie lächelte.

»Vor allem habe ich viel geträumt«, sagte ich.

»Das freut mich. Was darf ich Ihnen zu trinken bringen?«

»Einen Hibiscustee, bitte.«

»Gerne.«

*Auf meinem Tisch stand ein Brotkorb mit mehreren Brot-
sorten, eine Schale mit Butter, eine Platte mit Käse und
Wurst und eine Schüssel Schnittlauchquark. Nachdem die
Dame den Tee gebracht hatte, aß ich mit Genuss zu Abend.*

*Danach ging ich zum Schalter des Reisebüros und betätigte
die Messingglocke. Als die Dame erschien, wies ich auf das
Blaue Buch: »Sie sagten, hierin seien Orte des Glücks verzeichnet, doch bin ich nur auf Orte gestoßen, an denen ich
schon war, und überhaupt wird mein Gefühl immer stärker,
dass dies meine Geschichten sind.«*

Sie nickte: »Das ist richtig.«

»Aber es sind Geschichten aus meinem Alltag, in dem sich nichts Außergewöhnliches ereignet hat.«

Sie sah mich an: »Wirklich?«

»Ja, wirklich! Und ich frage Sie: Was, bitteschön, haben Alltagsgeschichten mit Glück zu tun?«

Sie lächelte: »Wo sollte Ihrer Meinung nach denn das Glück zu finden sein?«

Ich erwiderte: »Wenn das Glück im Alltag zu finden wäre, warum habe ich dann nie bemerkt, dass ich glücklich bin?«

»Weil Sie zu sehr mit anderen Dingen beschäftigt waren?«

»Und womit?«

»Ich vermute, mit der Jagd nach GEL.«

»Nach Gel?«

»Verzeihen Sie, das können Sie nicht wissen: GEL ist unsere hausinterne Abkürzung für: GELD, ERFOLG, LIEBE.«

»Und die Jagd danach soll mich dermaßen beschäftigt haben?«

Sie zeigte auf das blaue Buch: »Lesen Sie weiter und urteilen Sie selbst.«

»Geld, Erfolg, Liebe … ich weiß nicht, ist das nicht etwas zu einfach?«

»Manches im Leben i s t einfach. Andererseits ist GEL als Ursache nur eine Vermutung von mir. Was halten Sie davon, die Geschichten zu markieren, bei denen ich Ihrer Meinung nach mit meiner Vermutung richtig liege?«

»Warum nicht«, antwortete ich und ging zurück in mein Zimmer. Die Worte der Dame im Ohr, las ich die nächste Geschichte.

…

Nie stimmt immer alles

Am richtigen Platz – warum es auch unfreundliche Menschen geben muss

Alles, was ist, kreativ ist er ja, unser Schöpfer, da gibt es nichts. Was er sich alles ausgedacht, geschöpft und geschaffen hat – Hut ab! Gut, wenn man dermaßen kreativ ist wie er, kann nicht alles ein Volltreffer sein. Manches scheint etwas daneben, anderes voll in die Hose gegangen zu sein, doch wofür ich Ihn ehrlich bewundere, sind Menschen, die mit ihren Begabungen den richtigen Platz im Leben gefunden haben.

Sandra Geib zum Beispiel, die in unserem Supermarkt arbeitet. Sie ist leicht an ihren Haaren zu erkennen: ein perfekter Igelschnitt, in den bunte Kunstwerke gefärbt sind. Sandra Geib steht an der Information. Wie gern gehe ich zu ihr und frage etwas, wenn sie Dienst hat. Wenn es partout nichts zu fragen gibt, denke ich mir eben etwas aus. Einmal habe ich gefragt, ob ich mit der Hand über Ihren Igelhaarschnitt fahren dürfe, gegen den Strich. »Gern«, hat sie gelacht.

Wenn ich Menschen wie ihr begegne, frage ich mich, warum nicht alle so sind. Warum hat der liebe Gott es nicht so eingerichtet, dass alle ihren richtigen Platz im Leben finden, an dem sie erfüllt und glücklich leben und arbeiten und freundlich zu ihren Mitmenschen sind?

Warum hat er Leute wie die Schmitten gemacht? Und warum sitzt die Schmitten ausgerechnet am Kundenschalter einer Zeitung? Bevor sie noch den Mund aufmacht, vermittelt sie schon das Gefühl, man habe etwas verkehrt gemacht, habe ihr persönlich etwas getan. Und überhaupt, welche Zumutung, sie anzusprechen. Nun muss sie wegen uns ihre Arbeit unterbrechen.

Gestern hatte ich die Erleuchtung: Leute wie die Schmitten muss es geben, damit man den Unterschied zu Menschen wie Sandra Geib bemerkt, die uns erfreuen und für die wir dankbar sind. Wenn es die Schmitten nicht gäbe, hielte man Freundlichkeit für selbstverständlich.

Ich frage mich nur, ob mir diese Einsicht helfen wird, wenn ich das nächste Mal mit ihr zu tun habe, sie mich vorwurfsvoll anschaut und säuerlich fragt: »Was kann ich für Sie tun?«

Ich sollte antworten: »Wie wär's mit etwas Freundlichkeit?« Ob das etwas nützt? Schwer zu sagen. Aber schaden kann es eigentlich auch nicht.

…

Die Schmitten. Ihre Stimme hatte ich im Ohr, an ihr Gesicht konnte ich mich nicht erinnern. Stattdessen sah ich ein graues Oval neben zwei anderen grauen Ovalen, schemenhaften Gesichtern kleiner Napoleons, die sich größer zu machen versuchten, indem sie andere klein hielten und deckelten, wo sie konnten. Arme Schweine. Aber Schweine. Ich blätterte zur nächsten Geschichte.

...

Die Beerdigung – vom Namen und Terminen

Tante Käthchen war keine leibliche Verwandte, doch meine Schwester und ich nannten sie von klein an »Tante« und ihren Mann Gustav »Onkel Gustav«. Gustav und Käthe Merg waren mit unseren Eltern befreundet: Vater und Onkel Gustav kegelten zusammen, Mutter und Tante Käthchen waren im Schnatterverein, dessen Mitglieder sich reihum zu Kaffee und Kuchen trafen – und zum Schnattern eben. De »Guschtav unn es Kättche« wurden sie genannt, immer im Doppelpack, so wie »Hänsel und Gretel«, »Max und Moritz« oder »Villeroy und Boch«.

Die beiden sind steinalt miteinander geworden. Mit 93 Jahren starb Onkel Gustav. Als ich Tante Käthchen kondolierte, sagte sie: »So war's am besten für ihn! Gustav als Pflegefall, der nicht mehr in seine geliebte Natur rausgekonnt hätte, das wäre schlimm gewesen.«

Käthchen hat Gustav um 13 Monate überlebt und ist dann friedlich eingeschlafen. In der Todesanzeige hatte ich den Beerdigungstermin gelesen: eine Urnenbeisetzung, zwei Wochen später. Das Datum hatte ich mir gut gemerkt.

Als ich zum Friedhof kam, waren alle Stühle in der Kapelle schon besetzt. Also stellte ich mich auf den Vorplatz zum alten Baus, der keine Beerdigung auslässt, zumindest keine katholische, doch weil es in der Kapelle ein Mikrophon und draußen Lautsprecher gibt, bekommt man alles gut mit.

Nun war der Pastor, der Tante Käthchen beerdigte, wie soll ich sagen? Die ihn mochten, sagten, er sei zwar manchmal ein bisschen schusselig, doch gerade das würde ihn so menschlich machen. Die ihn nicht mochten, sagten, er tue nur soviel wie unbedingt nötig, weil ihm alles scheißegal und er stinkfaul sei.

»Wir haben uns hier versammelt, um Katja Berg zur letzten Ruhe zu geleiten.« Ich zuckte zusammen. Sie wurde doch »Käthchen« genannt und nicht »Katja«! Gut, sowas kann man schon mal durcheinander bringen, aber dass man die Nachnamen dann auch noch verschusselt und »Berg« statt »Merg« sagt, ist ein dicker Hund! So was darf nicht passieren!

Der Pastor hat seinen doppelten Versprecher im Verlauf der Traueransprache sogar wiederholt. Ich konnte nur den Kopf schütteln. Gut, er hat frei geredet, und das ist ja auch eine Leistung, aber zu einer anständigen Beerdigung gehört der richtige Name doch schon irgendwie dazu, meine ich. Wenn er sich auch sonst nichts aufschreibt, den Namen hätte er sich notieren können!

Nachdem er es zum dritten Mal falsch gemacht hatte, sagte ich zum alten Baus: »Ist das nicht ein dicker Hund!« Der alte Baus nickte: »Jaaa.« Nach einer kurzen Pause schaute er mich an und fragte: »Was meinen Sie denn?« Ich sagte: »Dass der Pastor nun schon zum dritten Mal den Namen falsch gesagt hat. Das hat Tante Käthchen nicht verdient!« Der alte Baus schüttelte den Kopf: »Käthchen Merg wird morgen beerdigt. Heute ist Katja Berg dran!«

Donnerwetter! Nicht der Pastor hatte sich geirrt, sondern ich: Ich war auf der falschen Beerdigung. Unglaublich! So ernst die Sache auch war, ich musste doch grinsen, und in dem Moment ist mir ein Spruch von Bruder Anton im

Kloster Himmerod eingefallen: »Spass muss sein, sonst ging kä Mensch mehr uff e Beerdijung.«

Als ich am nächsten Tag wieder vor der Friedhofskapelle stand, hatte ich gar keine richtige Lust mehr.

…

Ich schüttelte den Kopf. Als ob es bei einer Beerdigung auf Lust ankäme. Komisch, sowas zu denken. Wer das tat, war offenbar von Bruder Antons derbem Eifeler Bauernhumor infiziert worden. Ich wandte mich zur nächsten Geschichte.

…

Die Um-Gehung – von Ordnungen und Menschen

Ich betrachte ein Foto, auf dem ein Weg zu sehen ist und ein Mann, der mit Walkingstöcken auf den Betrachter zugeht. Der Weg ist mit einem Pfosten versperrt, und der Mann folgt der ausgefahrenen Spur der Autos um den Pfosten herum.

Diejenigen, die den Weg sperren wollten, hatten sich red-lich Mühe gegeben, alles richtig zu machen, hatten zwei zentnerschwere Steinbrocken als Begrenzungssteine links und rechts des Weges gesetzt, in der Mitte ein Hohlrohr einbetoniert und einen rot-weißen Pfosten darin versenkt, der nur mit einem Vierkantschlüssel, einem »Knochen«, herausgenommen werden sollte, von Personen, die dazu befugt waren.

Der Knochen ist noch nie benutzt worden. Er liegt im Hobbyraum des Ortsbürgermeisters, zwischen Werk-zeugregal und Heimtrainer. Auch der Heimtrainer wird seit Jahren nicht mehr für den Zweck benutzt, für den er angeschafft wurde, sondern dient als Ablage für die Bügelwäsche.

Was die Sperrung des Weges betrifft, so gilt: Der Mensch ist bequem und versucht, unnötigen Aufwand zu vermeiden, wann immer das möglich ist. Wo ein Weg versperrt ist, ist auch ein Wille, die Sperrung zu umgehen. Wenn wir es tun, grinsen wir, weil es uns diebische Freude bereitet, Verboten ein Schnippchen zu schlagen. Das ist menschlich.

Die Um-Gehung, illegitime Schwester von Regel und Verbot, gesellt sich gern zu Speisevorschriften. Mönche waren deshalb so begnadete Bierbrauer, weil sie in der Fastenzeit nur eine Mahlzeit mit fester Nahrung zu sich nehmen durften. Da vom Trinken keine Rede war, brauten sie Flüssignahrung als Ergänzungskost. Manche Orden erlaubten ihren Mönchen in der Fastenzeit bis zu vier Liter Starkbier am Tag!

In der Schiefergrube Herrenberg bei Bundenbach im Hunsrück habe ich eine starke Um-Gehung kennengelernt: Obwohl Bergleuten der Genuss von Alkohol unter Tage streng verboten war, tranken sie weiter ihren Schnaps, schüttelten sich aber nach jedem Glas, das sie in einem Zug herunterkippten. Warum? Ihnen war ja nur der G e n u s s von Alkohol verboten. Wer sich aber nach dem Trinken schüttelt, für den kann es kein Genuss gewesen sein.

Um-Gehungen entstehen, wo Verbote strikt und streng die menschliche Natur einschränken: beim Essen und Trinken und bei der Sexualität. Wo Lebenskraft durch Verbote beschnitten wird, stellen sich Um-Gehungen ein. So gut wie alle folgen ihr, die einen gedankenlos, andere mit schlechtem Gewissen. Selten wird ein Verbot so fröhlich und respektlos umgangen wie hier. Hoch lebe die Um-Gehung!

...

Sonderbar! Der Mann auf dem Foto hatte meine Statur und sah mir ähnlich. Aber war ich das? Wir hatten zwar vor fünf oder sechs Jahren Urlaub in Bayern gemacht und dabei jede Menge Fotos aufgenommen, aber dass dieses darunter sein sollte, konnte ich mir irgendwie nicht vorstellen. Ich wandte mich zur nächsten Geschichte, in der es um doppelte Verwechslungen gehen sollte. Ich war gespannt.

...

Einen im Tee – von doppelten Verwechslungen

»Hattest du einen im Tee?«, fragte mein Freund Marcus. Ich musste lachen, und mir fiel die Geschichte ein, die mir der Bluespianist Blind John Davis im Mai 1985 erzählt hatte, als ich ihn auf seiner letzten Tournee durch Deutschland und nach Nancy, Wels und Wien fuhr.

John war erblindet, nachdem er als Kind in einen rostigen Nagel getreten war und seine Großmutter die Wunde mit ihrem altbewährten Hausmittel behandelt hatte: kräftig Mehl auf die Wunde streuen und gut verbinden.

Da John schon lange in Chicago lebte, kannte er sich in seiner Gegend gut aus und war oft auch ohne Begleitung unterwegs, um Erledigungen zu machen. Einmal, beim Einkaufen, wartete er am Zebrastreifen einer Kreuzung darauf, dass die anderen Wartenden losgingen. Als er eine Hand an seiner spürte, dachte er, ein hilfsbereiter Mitmensch wolle ihn über die Straße führen. So gingen beide los, was ein Hupkonzert der Autos zur Folge hatte, die anhalten oder um die beiden herumfahren mussten, denn die Fußgängerampel war noch rot, und Johns Hand war zufällig von einem anderen Blinden berührt worden, der seinerseits meinte, jemand wolle ihm über die Straße helfen.

Was sich wie eine gute Anekdote anhört, hat einen klassischen Hintergrund. In der Bibel steht der Satz: »Wenn aber ein Blinder den andern leitet, so fallen sie beide in die Grube.« (Matthäus 15:14) Doch Blind John Davis schwor Stein und Bein, dass er die Geschichte genauso erlebt hat.

Mir ist letztens Folgendes passiert. Mein Freund Marcus hat am 2. Januar Geburtstag, ein Datum, das bei den vielen vorausgehenden Feiertagen immer wieder untergegangen ist: erster und zweiter Weihnachtstag, Silvester und Neujahr, doch dieses Jahr habe ich es nicht vergessen und ihn angerufen. Als sich eine junge Frau meldete, war mir sofort klar, dass es eine der beiden Töchter sein musste, Elina oder Anna-Sita. Weil ich mich mit Stimmen sehr gut auskenne, merkte ich gleich, dass ich die ältere Tochter Elina am Apparat hatte. Ich wünschte ihr alles Gute im neuen Jahr. Sie bedankte sich und wünschte auch mir alles Gute. Dann sagte ich zu ihr:

»Kann ich bitte mal den Papa sprechen?«

»Der ist nicht da.«

»Und die Mama?«

»Die sind zusammen in Amerika.«

»Amerika. Na sowas. Davon hat er mir ja gar nichts erzählt. Telefoniert ihr denn miteinander?«

»Ja, wir skypen öfters mal. Heute Abend wieder.«

»Dann sag deinen Eltern doch bitte einen Gruß von mir und richte dem Papa meine Geburtstags-Glückwünsche aus.«

»In Ordnung, das mache ich.«

»Und wir drei, du, er und ich, wir sehen uns ja im Juni, wenn ihr mich besuchen kommt.«

»Davon weiß ich ja gar nichts.«

»Aber ich hab' das fest mit deinem Papa ausgemacht.«

»Ich werd' ihn fragen. Ich bin ja auch gar nicht mehr so oft hier zu Hause.«

»Prima, tu das! Und jetzt mach's gut, bis bald.«

»Mach du's auch gut, bis bald. Tschö!«

Und jetzt sagt Marcus: »Du hast weder mit Elina noch mit Anna-Sita telefoniert. Cornelia und ich waren auch nicht in Amerika. Hattest du einen im Tee?«

Nein, lieber Marcus, hatte ich nicht. Ich wüsste nur zu gern, was der Vater der jungen Frau, mit der ich mich so angeregt unterhalten habe, abends beim Skypen zu ihr gesagt hat.

...

Ich legte das Lesebändchen bei der Seite ein, löschte das Licht und war innerhalb Minuten eingeschlafen. In der Nacht träumte ich wirres Zeugs, konnte mich aber an nichts erinnern, als ich morgens aufwachte. Ich duschte und ging in den Speisesaal, um zu frühstücken.

Ich hatte ein Frühstücksbuffet erwartet, doch als die Dame an meinen Tisch trat und mir guten Morgen wünschte, stellte sie ein Tablett vor mir ab, auf dem eine Flûte lag, ein dünnes, französisches Weißbrot, und je ein Glasschälchen mit Butter, Pflaumenmus, Erdbeermarmelade und Honig.

»Was möchten Sie trinken?«, fragte sie.

»Einen Cappuccino, bitte«.

Sie nickte und brachte mir kurz darauf die Tasse. Mein Frühstück schmeckte besser als jedes andere, das ich mir an einer Buffet-Theke hätte zusammenstellen können. Danach ging ich zum Empfang und betätigte die Glocke. Die Dame erschien: »Ja, bitte?«

»Welche Räume stehen zum Lesen zur Verfügung?«, fragte ich.

»Einmal ist da die Bibliothek, dann der Wintergarten, und im Garten stehen zwölf Bänke – meine Lieblingsbank ist die am Brunnen. Und schließlich ist da noch die Dachterrasse.« Ich nickte.

»Zu unserem Haus gehört aber noch ein zweites Gebäude, »Turm« genannt. Dort finden Sie weitere vier Leseplätze: im Erdgeschoss das Archiv, im ersten Stock das Musikzimmer, im zweiten Stock den Raum der ungeschriebenen Bücher und im dritten Stock schließlich das ›Krähennest‹, wie wir den Raum nennen. Die Leute im Ort nennen ihn ›das Leuchtturmzimmer‹«.

Ich überlegte kurz, bevor ich antwortete: »Ich möchte mit der Bibliothek beginnen.«

»Sie finden sie gleich hier über den Gang.«

Ich dankte ihr, holte das Blaue Buch aus meinem Zimmer und ging zur Bibliothek. Als ich die Tür öffnete, war ich überwältigt: Die Wand, die die Eingangstür umrahmte, war vom Boden bis zur Decke voller Bücher, ebenso die beiden Seitenwände: Regale mit Büchern über Büchern, Tausenden von Büchern.

An der rechten Wand umrahmten die Regale den Kamin, an der linken ließen sie eine Fläche von etwa eineinhalb mal eineinhalb Metern frei, in der ein Kugelregal von etwa einem Meter Durchmesser an der Wand hing. Die vierte Wand bestand einzig und allein aus Fenstern über einem etwa kniehohen Sims.

Ich setzte mich an den Lesetisch neben der Eingangstür, zog das Blaue Buch mit dem Lesebändchen auf und blätterte um zur nächsten Geschichte

…

Der Wunschbaum

Die Wunschquelle – und der Wunschbaum

Ich war lange nicht mehr im Nachtigallental an der Quelle »Gottesbrünnlein«, von der die Sage geht: Trinken Frauen mit Kinderwunsch ihr Wasser, geht der Wunsch in Erfüllung.

Nahe bei der Quelle fällt mir ein Bäumchen auf, das noch keine Blätter ausgetrieben hat, doch an seinen Ästen hängen Hunderte von Zetteln. Auf einem steht in Kinderschrift: »Ich wünsche mir, dass mein Rücken gerade wird«. Offenbar hat ein Kind aus der nahe gelegenen Skoliose-Klinik seinen Wunsch nach Heilung hinterlassen. Das Bäumchen ist also ein Wunschbaum. Mehrere andere Zettel, in Erwachsenen- und in Kinderschrift geschrieben, haben vergleichbare Bitten zum Inhalt.

Ein Wunsch trifft mich wie ein Keulenschlag. Da schreibt ein Kind: »Ich wünsche mir eine liebe Mama.« Das lässt zwei Schlüsse zu: Entweder hat das Kind keine Mutter und wünscht sich eine – oder es hat eine, die aber nicht lieb ist.

Tagelang geht mir der Satz nicht aus dem Kopf, dann beschließe ich, dem Zettel auf den Grund zu gehen. In der Skoliose-Klinik treffe ich die Patientenbetreuerin Verena Hammer, die mir erklärt, dass Kinder-Patienten bis zum Alter von 11 Jahren bei ihrem Reha-Aufenthalt nur das halbe physiotherapeutische Übungsprogramm absolvieren. Nachmittags steht »Juniorfreizeit« auf ihrem Therapieplan, von dem ein Punkt der Besuch des Wunschbaumes ist. Das hat Tradition. Verena Hammer und ihre Kolleginnen und Kollegen führen die Kinder hin.

Als sie mir das erzählt, strahlen ihre Augen: »Ich führe auch Kinder- und Erwachsenengruppen auf den Disibodenberg zu den Ruinen des Klosters, in dem Hildegard von Bingen um die 40 Jahre gelebt hat. Die Klosterruine hat eine ganz besondere Ausstrahlung, so wie das Gelände ums Gottesbrünnlein. Von der Quelle, die in einen

Steintrog mündet, zieht es die Kinder zum Wunschbaum, wo sie zuerst die Zettel lesen, die am Baum hängen, dann schreiben sie ihre eigenen Wünsche auf. Kein Kind hat je gefragt, ob sein Wunsch auch in Erfüllung gehen wird. Das versteht sich irgendwie von selbst«, stellt Verena Hammer fest.

Ich frage, ob sie mir etwas über das Kind mit dem Wunsch nach einer lieben Mama sagen könne. Sie nickt: »Ich kenne das Kind gut: ein Junge, sieben Jahre alt.«

Ich frage weiter: »Und dieser Junge hat keine Mutter?«

»Doch, er hat eine: Leider ist sie meist nur körperlich anwesend.«

Wir sehen uns an. Sie zieht bedauernd Schultern und Arme hoch: »Manche Eltern bräuchten selbst Hilfe, weil sie unsicher sind. Wie können sie da ihren Kindern Halt geben?«

Mir fällt der Satz ein, mit dem die Gebrüder Grimm eines ihrer Märchen einleiten: »In alten Zeiten, als das Wünschen noch geholfen hat.« Am Gottesbrünnlein findet das Wünschen nicht in alten Zeiten statt, sondern putzmunter und quicklebendig in der Gegenwart: Heute und hier findet Sehnsucht Worte, die Menschen weder Twitter noch Facebook anvertrauen, sondern einem Bäumchen, das wächst und grünt, das blüht und reift, so wie sie selbst – und hoffentlich bald auch die Mutter dieses Jungen.

...

Dass da ein Kind um die Liebe betteln musste, die ihm zustand, machte mich wütend. Einen solchen Zettel dürfte es nicht geben. Wie könnte man diesem Kind helfen? Ich knickte ein Eselsohr in die Seite, damit ich die Geschichte leicht wiederfände. Man musste etwas tun. Irgend etwas musste man doch tun.

Die nächste Geschichte sollte von einem Jungbrunnen auf dem Friedhof handeln. Seltsam. Ich war in unmittelbarer Nähe unseres Friedhofs groß geworden, von einem Jungbrunnen hatte ich nie gehört.

...

Kastanien –
von einem Jungbrunnen auf dem Friedhof

Es klingelt. Meine achtjährige Nachbarin Hannah steht mit ihrer Freundin Melissa vor der Haustür. Hannah und ich wohnen in der Friedhofsallee, einer ruhigen Gegend mit ruhigen Nachbarn. Alle paar Tage kommt Hannah mich besuchen und bringt Geschenke mit, meist noch blühende Pflanzen mit Wurzelballen, die sie aus einem der Abfallcontainer auf dem Friedhof gerettet hat.

Sie sagt: »Schau mal, ein Fleißiges Lieschen! Dass eine Blume Lieschen heißt und auch noch fleißig ist – ist das nicht toll?«

»Ja, das finde ich auch!«, antworte ich.

Hannah sagt: »Ich finde, alle Pflanzen sollten Vornamen haben!«

Ich nicke.

Hannah überlegt: »Aber warum reißen die Leute das Lieschen aus und werfen es in den Abfall? Und kannst du mir sagen, warum die Menschen bei Beerdigungen weinen?«

Wir pflanzen das Lieschen bei mir im Garten ein, gehen ins Haus, setzen uns an den Küchentisch und sprechen vom Weinen und vom Sterben.

»Hoffentlich sterbe ich nicht«, meint Hannah, »sonst sind meine Eltern traurig«.

Ich nicke.

»Aber wenn ich mal alt bin, zum Beispiel 103, können meine Eltern nicht mehr traurig werden, weil sie selbst schon gestorben sind!«

Und wieder nicke ich.

»Dauert es lange, bis man alt ist?«, fragt Hannah. Keine leichte Frage! Als ich mich am Kopf kratze, fällt mir auf, dass an der Stelle früher irgendwie mehr Haare waren.

Heute haben Hannah und Melissa Stofftaschen mit. Hannah sieht mich erwartungsvoll an: »Kommst du mit, Kastanien sammeln?«

»Ach, weißt du«, sage ich, »das geht heute schlecht! Ich habe gerade mit meiner Buchführung angefangen.«

»Ach so«, Hannah ist enttäuscht. Auf einmal strahlt sie. »Dann führ' dein Buch doch mit auf den Friedhof«, lacht sie, »allein ist doch langweilig!«

»Aber ihr seid doch zu zweit.«

»Ich red' doch nicht von uns, von dir rede ich!«, sagt Hannah und hat mich im selben Moment überzeugt. Los geht's.

Heute ist ein guter Tag zum Sammeln. Überall liegen Kastanien. Am schönsten sind sie, frisch vom Baum gefallen, wenn sie aus ihrer Stachelhülle schauen und tiefbraun gemasert glänzen, als kämen sie gerade aus der Lackiererei. In großen Tropfen perlt das Wasser von ihnen ab. Es ist die pure Freude, sie anzuschauen, zu berühren und zu spüren.

Ich sehe viele, die sich nach Kastanien bücken, nicht nur Kinder, auch Großeltern, die mit ihren Enkeln über den Friedhof ziehen. Manche Leute stecken sich Kastanien in die Tasche und schwören, das helfe gegen Rheuma, ich aber glaube etwas anderes: Kastanien helfen gegen das Altern!

Ja, Kastanien machen wieder jung! Nicht für immer, aber für die Zeit des Suchens.

Hannah zeigt mir eine besonders große: »Schau, wie schön sie ist!«

Im November klingelt Hannah an meiner Tür: »Meine schönste Kastanie glänzt nicht mehr, und Dellen hat sie auch bekommen.«

»Bestimmt ist es ihr an der Luft zu trocken«, sage ich, »was hältst du davon, wir legen sie in einen Blumentopf mit Erde und stellen ihn auf die Terrasse?«

Hannah ist skeptisch: »Und du meinst, dann wird sie wieder so schön, wie sie einmal war?«

»Das nicht«, sage ich, »aber vielleicht keimt ein neues Bäumchen aus ihr.«

Hannah macht große Augen: »Wirklich?

»Ich kann es dir nicht versprechen, aber wir können es versuchen.«

»Ja, bitte, lass es uns versuchen.«

o

Es ist März geworden, und die Spannung steigt mit jedem Tag. Hannah klingelt an der Haustür, und wir gehen zur Terrasse. Da ist es geschehen: Etwas Grünes, noch zart und sehr klein, schaut aus der Erde: die Spitze des Kastanien-Keimlings!

Hannah jubelt: »Unsere Katharina! Aber rufen werde ich sie Katja!«

Ich muss über Hannahs Mutterglück lächeln, doch auch ich habe ein bisschen das Gefühl, gerade Vater zu werden.

...

Mein linkes Bein war eingeschlafen. Wenn ich längere Zeit am Computer sitze, schläft es regelmäßig ein. Mich an den Regalen abstützend, humpelte ich durch die Bibliothek, bis das Taubheitsgefühl gewichen war. Wenn es im Garten einen Jungbrunnen gäbe, würde ich hindurch waten. Natürlich müsste ich vorher wissen, wie ich an der anderen Brunnenseite herauskomme und ob ich mit meinen Wehwehchen auch mein Wissen und meine Erfahrung verliere. Wenn der Jungbrunnen die Lebensuhr zurückdreht und mich körperlich wieder fit macht, ich aber auch wieder so naiv sein werde, wie ich es einmal war, dann pfeif' ich drauf, dann soll mein linkes Bein weiter einschlafen. Her mit der nächsten Geschichte.

…

Der Wind des Lebens – und ein rosa Elefant

Gleich neben dem Haupteingang der Glantalklinik in Meisenheim liegt die Cafeteria für Patienten und Besucher. In ihr gibt es frische Backwaren, Zeitungen, Illustrierte und Dinge des täglichen Bedarfs wie Seife, Zahnpasta, Zahnbürsten oder Einwegrasierer, die Patienten vergessen haben könnten. Der Raum ist lichtdurchflutet wie ein Wintergarten.

Mein Aufenthalt in der Klinik beginnt damit, dass mein Blick auf eine Puppenwiege in einem der Regale fällt, die so liebevoll geschreinert ist, dass ich nicht anders kann: Ich muss sie kaufen. Auf dem Nachtschränkchen begleitet sie meine Zeit im Krankenhaus und ruft die Erinnerung an ein Lied wach, das ich seit dem Sommer 1970 kenne, als ich in den USA auf einem Flohmarkt einen rosa Elefanten für 10 Cent erstanden hatte, in dessen Bauch eine Spieluhr das Wiegenlied »Rock a bye, baby« spielt.

Hatte der Elefant anfangs noch anderthalb Ohren, so hat er heute keines mehr. Sonnenlicht hat ihn ausgebleicht und zusammen mit Staub sein Rosa ins Graue changieren lassen. Allen Aufräumaktionen hat er sich standhaft widersetzt. Irgendwo, in einem geheimen Rosa-Elefanten-Reservat, muss er überlebt haben, ich weiß nicht wo und weiß nicht wie, aber überlebt.

Der Text des Wiegenliedes hat es in sich:

> *»Rock a bye, baby in the tree top*
> *when the wind blows, your cradle will rock;*
> *when the wind blows, your cradle will fall*
> *and down will come baby, cradle and all.«*

»Schaukel mein Kleines, oben im Baum
wenn der Wind weht, wird schön dein Traum;
doch weht er zu stark, hoch oben im Baum,
dann fällst du herab, und aus ist der Traum.«

Was ist das denn für ein Lied?, dachte ich 1970, als ich 20 war. Sind die Amerikaner Sadisten, dass sie ihren Kindern solche Lieder vor dem Einschlafen singen? Im Lauf der Jahre ist mir klar geworden, dass in diesen vier Zeilen unsere Existenz komprimiert ist: Weht der Wind des Lebens als sanftes Lüftchen, schaukelt er unsere Wiege sanft hin und her, und wir schlafen in süßer Seelenruhe. Wird der Wind zum Sturm, wirft er uns mitsamt der Wiege aus dem Nest, und wir stürzen, wer weiß, wohin. Solche Lieder gibt es in allen Erdteilen und Kulturen, bei uns beispielsweise dieses:

»Hoppe, hoppe, Reiter,
wenn er fällt, dann schreit er.
Fällt er in die Hecken,
fressen ihn die Schnecken.
Fällt er in den Klee,
schreit er gleich Oweh.
Fällt er in den Graben,
fressen ihn die Raben.
Fällt er in den Sumpf,
macht der Reiter plumps.«

Das Lied ist nach dem gleichen Muster gestrickt wie »Rock a bye, baby«: Ein bedrohlicher Text, in einer eingängigen Melodie verpackt. Mit roter Zuckerglasur ummantelt, werden bittere Pillen so zu süßen Dragees, die wir problemlos herunterschlucken.

Die Botschaft der Verse lautet: »Schau nur, was dir alles zustoßen kann: Schnecken und Raben können dich fressen, im Sumpf kannst du versinken – sag uns, was dir lieber ist.«

Das Dragee, das die Kinder so lieben, ist der Plumps beim Abwerfen, wenn sie am Bein von Vater oder Mutter hinabgleiten und dabei von ihnen gehalten werden. So macht das Kind die Erfahrung, beim Fallen gehalten zu sein. Und jedes Mal neu kräht es voller Inbrunst: »Macht der Reiter plumps!«

…

Ich war im Begriff aufzustehen, um mir einen Cappuccino zu bestellen, da stand die Dame schon in der Tür, in Händen das ovale, gelbe Tablett mit der Tasse und den drei Karamellkeksen.

»Ihr Cappuccino, bitte.«

»Können Sie Gedanken lesen?

Sie lachte. »Ich kenne den Inhalt der Blauen Bücher.«

»Ach so, und dann können Sie …?«

»Wo möchten Sie Ihren Kaffee trinken?«

»Stellen Sie ihn bitte auf den Lesetisch am Fenster. Ich will mir nur noch etwas die Beine vertreten.«

Sie stellte das Tablett ab. Ich dankte ihr, ging zur Wand mit dem Kugelregal und besah mir die Bücher, die in ihm standen: Oscar Wildes »Der selbstsüchtige Riese und andere Märchen«, »Grimms Märchen«, Jerome D. Salingers »Fänger im Roggen«, »1001 Nacht«, »Der Prophet« von Kahlil Gibran, »Mit einem Lächeln leben lernen« von Robert Fulghum, Anthony de Mellos »Zeiten des Glücks«, das Fach in der Mitte war leer; dann folgte »Dem Leben vertrauen« von Rachel Naomi Remen, »Einladung zur Dankbarkeit« von David

Steindl-Rast und »Die schönen Dinge siehst du nur, wenn du langsam gehst« von Haemin Sunim und schließlich das Bändchen »Dankbarkeit« von Oliver Sacks. Ich zählte elf Bücher. Warum war das Fach in der Mitte frei? Welches Buch gehörte da hinein?

Ich ging zum Lesetisch am Fenster. Als ich das Blaue Buch aufschlug, sah ich: Die nächste Geschichte handelte von Anrufen aus dem Call-Center. Davon konnte ich ein Lied singen.

...

Was das Herz begehrt –
von Anrufen aus dem Call-Center

Geht Ihnen das manchmal auch so: Sie freuen sich, weil das Telefon klingelt und Sie denken: Ach, wie schön, endlich ruft mal einer an – und dann kommt der Anruf aus dem Call-Center!

Da kenne ich mich nämlich aus: Wenn im Hintergrund tausend Stimmen summen und brummen wie in einem Bienenstock, gehen bei mir alle Alarmlichter an und Plan Alpha kommt zum Einsatz: Als die Frau ihren Spruch herunterspult und ich merke, dass es auf irgend eine Golden American Kreditkarte hinausläuft, sage ich zu Ihr: »Gnädige Frau … « – das wirkt wie ein Zauberwort! Sie unterbricht ihren Redeschwall und fragt zurück: »Ja, bitte?«

Ich sage »Seien Sie so gut und lassen Sie uns Zeit und Energie sparen. Ich habe nämlich kein Geld. Was soll ich also mit einer Kreditkarte!«

Das ist Plan Alpha! Andere Pläne brauche ich nicht, denn Plan Alpha funktioniert zuverlässig. Immer. Das verstehen alle, egal, was sie mir verkaufen wollen. Ich vermute, dass niemand sonst am Telefon so offen sagt, dass er kein Geld hat, gleich im ersten Satz. Darauf sind sie im Call-Center nicht vorbereitet, aber sie müssen es akzeptieren. Was bleibt ihnen auch anderes übrig! Auf jeden Fall sagt die Frau zu mir: »Na ja, dann nichts für ungut; ich wünsch' Ihnen was!«

»Was denn?« frage ich zurück. Da kenne ich nichts! Bei solchen Sätzen hake ich nach. Und dann kommen alle ins Stocken, weil sie es gar nicht so gemeint, sondern nur eine Floskel dahergesagt haben. Doch ohne zu zögern antwortet die Frau mit ruhiger, fester Stimme: »Was das Herz begehrt!«

»Danke!« sage ich, »vielen Dank!«

Und seitdem bin ich am Überlegen. Am Ende sitzen Wunschfeen heutzutage nicht mehr im Wald unter den Wurzeln alter Baumriesen, sondern in Call-Centern, und wenn sie einem einen Wunsch freigeben, und man checkt es nicht … das wäre doch schade! Auch wenn man nicht daran glaubt, aber ich finde, auf jeden Fall sollte man sich gut überlegen, was man mit so einem Wunsch anfängt.

…

Was ich antworten würde, wenn mir die Fee einen Wunsch freigäbe? Bei meiner Ankunft war es noch der Wunsch gewesen, für immer hier bleiben zu können, doch wollte ich das immer noch? Ich wusste es nicht. Bevor ich die nächste Geschichte las, falzte ich ein Eselsohr in die Buchseite.

…

Begegnung heißt, ein Fenster öffnen

Ein Kind schaut in die Welt –
vom Zauber der Begegnung

Wenn zwei einander begegnen, ist das schon eine Begegnung? Kaum. Ich sehe drei Stufen. Die erste nenne ich »Blinde Kuh«: Die beiden sind so mit sich selbst beschäftigt, dass sie den anderen nicht wahrnehmen und aneinander vorbeigehen.

Die zweite Stufe nenne ich »Treffen«: Einer nimmt den anderen unter dem Aspekt der Nützlichkeit wahr und sie tauschen aus: Worte gegen Worte, Zärtlichkeiten gegen Zärtlichkeiten, Ware gegen Geld.

Erst die dritte Stufe nenne ich »Begegnung«. Ein Treffen wird zur Begegnung, wenn zwei einander in ihrem Wesen erkennen, in ihren Stärken und Schwächen, ihrer Sehnsucht, ihrer Angst. Begegnungen bringen Erstarrtes in Bewegung, öffnen Raum für neue Sichtweisen, erschließen neue Potentiale. Das macht sie so spannend, so kostbar, mitten im Alltag.

Jennifer ist die jüngere Tochter meines Freundes Manfred. Als sie in den Kindergarten ging, schenkte mir ihr

Vater dieses Foto von ihr, das für mich Symbol jeder Begegnung ist: Will einer in die Welt schauen, muss er sein Fenster öffnen. Jennifers Augen fragen: »Wer bist du? Und was willst du? Lass uns aufeinander zugehen und etwas spielen, vielleicht ein Lied singen, aber immer schön langsam, Schritt für Schritt, nur nicht zu schnell, sonst mach' ich mein Fenster wieder zu.«

Fotos, die solche Geschichte erzählen, sind das wahre Gesichtsbuch, sind das aussagestärkere »Face-Book«, das viel über einen Menschen sagt, wenn nicht alles.

…

Wie mag Jennifer, das Papa-Kindchen mit dem wachen Blick, heute als erwachsene Frau aussehen, die vielleicht selbst schon Kinder hat? Ich falzte ein weiteres Eselsohr in mein Buch und dachte: Wenn ich daheim bin, erkundige ich mich, wo sie wohnt. Dann könnte ich sie anrufen und auch einmal besuchen. Ich blätterte um zur nächsten Geschichte.

…

Das Kirchturm-Koan –
eine Begegnung in vier Worten

Heinz Risswig, Jahrgang 1937, war von Jugend an ein guter Fußballer. 1960, in Sobernheims großen Fußballtagen, war er Mitglied der Mannschaft, die um die deutsche Amateurmeisterschaft gegen Holstein Kiel antrat. Nach seiner aktiven Zeit war er ehrenamtlich für seinen Verein tätig. Beruflich führte er die Eisenwaren- und Baustoffhandlung Kessel und arbeitete später als Angestellter bei Heinrich

Schmidt in derselben Branche. Als Hobby spielte er leidenschaftlich gerne Schifferklavier.

Es war sein Lächeln, das uns verband, Ausdruck eines liebenswürdigen Menschen mit großem Herzen. Sein Lächeln sagte mehr als Worte, weshalb wir auch jahrelang ohne Worte auskamen. Wir grüßten uns und lachten uns an. Das genügte.

Aber einmal hat er doch etwas zu mir gesagt, vier Worte, die ich nie vergessen habe. Im Dezember 1992 fuhr ich als Tourneebegleiter eine Tour mit der legendären Gospelgruppe »The Five Blind Boys of Alabama.« Mein Koffer war schwer wie Blei, weil ich außer der Alltagskleidung noch einen Anzug, ein zweites Sakko und ein Paar schicker Schuhe eingepackt hatte, denn einige Konzerte fanden in Kirchen statt, wo ich nicht in Jeans und Turnschuhen auflaufen konnte.

Schwerer noch als der Koffer war mir das Herz, als ich in aller Herrgottsfrühe aus dem Haus zum Bahnhof ging, weil meine damalige Lebensgefährtin und ich tags zuvor eine heftige Auseinandersetzung gehabt hatten. Ich weiß gar nicht mehr, um was es gegangen war, ich weiß nur noch, dass die Fetzen geflogen waren. Dennoch hatte ich gehofft, dass sie morgens mit mir aufstehen, frühstücken und mir von der Haustür aus nachwinken würde. Schließlich würde ich bis zwei Tage vor Heiligabend on the road sein. Doch sie ist nicht mit mir aufgestanden, hat nicht mit mir gefrühstückt und hat mir auch nicht nachgewinkt. Rotz und Wasser hätte ich heulen mögen, als ich meinen schweren Koffer bei Nacht und Nebel zum Bahnhof schleppte.

An der Tankstelle kam mir ein Auto entgegen, der Fahrer drosselte das Tempo und kurbelte das Fenster herunter.

Heinz Risswig sah mich an, lächelte und rief mir zu: »Vergess de Kirchturm nit«, gab Gas und fuhr weiter.

Ich war perplex und war bewegt. Der Satz tat mir gut, war Balsam für meine Seele, war wie ein Schlüssel, der den Tabernakel meiner Verbitterung aufschloss. Ohne dass ich den Inhalt rational begreifen und in Worte hätte fassen können, wusste etwas in mir, was er mir sagen wollte. Der Ton machte die Musik, und Heinz Risswigs gutes Gesicht und sein Lächeln lieferten die Harmonien zur Musik.

Irgendwann kam ich darauf, dass der Satz ein Koan war, ein Rätsel, das Zenmeister ihren Schülern aufgeben. Weder mit dem Verstand noch durch Willensanstrengung lösbar, soll das Koan im Herzen bewegt werden – und bewegt dabei den Schüler.

Jahre später fragte ich: »Sag mal Heinz, was hast du eigentlich mit dem Satz damals gemeint?« Er sah mich an, zuckte die Achseln – und lächelte.

…

Hörte ich eine Melodie, die von einem Akkordeon gespielt wurde? Wehte der Wind sie durch das gekippte Fenster zu mir herein oder war das Einbildung? Wie auch immer, die Musik machte mir das Herz weit, und ich hatte das Gefühl, Heinz Risswig stünde vor mir und spielte sein Schifferklavier, mit einem Lächeln im Gesicht. Auch ich lächelte, als ich begann, die nächste Geschichte zu lesen.

…

Der König –
eine Begegnung mit Joachim »Jo« Deckarm

Ein schwüler Sonntagnachmittag im Juni. Joachim Deckarm wird von seinem Betreuer, dem Zivi Marcus, nach Bad Sobernheim gefahren, um bei der Siegerehrung des Felke-Handballturniers den Joachim-Deckarm-Pokal zu überreichen. Im Anschluss wird er noch einige Tage zur Kur hier bleiben. Er öffnet die Beifahrertür und streckt die Beine heraus. Marcus klappt den Rollstuhl auseinander, Joachim zieht sich am Türrahmen hoch, streckt sich und setzt sich in den Rolli.

Im Festzelt steht die Luft. Der Turnierleiter bringt Kaffee und Kuchen. Small Talk zur Begrüßung. Eine junge Handballerin kommt mit einem Buch unterm Arm: »Teamgeist – die zwei Leben des Joachim Deckarm« und bittet um ein

Autogramm. Joachim schreibt seinen Namen mit kleinen, zittrigen Buchstaben unten rechts ins Eck.

In dem Buch gibt es ein Foto aus dem Jahr 2004. Joachim Deckarm neben Franz Beckenbauer und Boris Becker. 1999 wurde er von Handball-Experten zum Handballer des Jahrhunderts gewählt. 1978 mit der deutschen Mannschaft Handballweltmeister, war er 1979 in Ungarn bei einem Europapokalspiel mit dem ungarischen Spieler Lajos Panovics zusammengestoßen, hatte im Fallen das Bewusstsein verloren, war mit dem Kopf auf den Betonboden der Halle geknallt und lag anschließend mit schwerem Schädel-Hirn-Trauma 131 Tage lang im Koma. Seitdem ist er auf fremde Hilfe angewiesen.

Das Zelt hat sich gefüllt. Siegerehrung. Der Vereinsvorsitzende begrüßt den Ehrengast. Der Beifall für ihn hält lange an. Joachim Deckarm überreicht den Pokal und sagt danach zu mir: »Es tut gut, dass die Menschen sich noch an mich erinnern und mich nicht vergessen haben.« Er lächelt und wirkt glücklich.

Im Hotel frage ich ihn, ob er ein glücklicher Mensch sei. Er überlegt – und schüttelt den Kopf: »Nein, so würde ich es nicht nennen. Zufrieden? Ja! Zufrieden bin ich, aber glücklich? Zum Glücklichsein gehört eine Partnerin.«

Was würde er sich wünschen, wenn ihm eine Fee die Erfüllung eines einzigen Wunsches gewährte? »Ich möchte wieder normal sein und dass ich den Unfall nicht gehabt hätte.«

Ich erzähle Joachim von Jürgen, der Krebs hat und um sein Leben kämpft. Joachim kennt Jürgen und seine Frau Sonja, beide sind aktive Handballer in Bad Sobernheim. Ich sage, dass ich später eine Gute-Besserungs-Karte in Jürgens Briefkasten werfen will und frage, ob ich einen

Gruß von Joachim dazuschreiben soll. Er nickt: »Schreib': ›Lieber Jürgen, meine guten Gedanken sind bei dir. Verlier den Mut nicht. Halt den Kopf hoch, auch wenn der Hals dreckig ist.‹«

Im ersten Leben hatte man Joachim Deckarm die Königskrone »weltbester Handballspieler« aufgesetzt, im zweiten Leben ist er der gefallene König: vom Thron gestoßen und ins Bodenlose gestürzt, dabei alles verloren, bei Null wieder angefangen, wieder sitzen, stehen und gehen gelernt, wieder eingetaucht ins Meer der Worte und Begriffe, durchs Tal der Depression gegangen. Geschlagen zwar, doch nicht besiegt, hat der König seine Würde bewahrt.

Vor dem Hotel steht die Sandsteinskulptur einer Schnecke, geschaffen vom Bildhauer Karl-Heinz May. Das Schicksal hat Joachim Deckarm, Spitzensportler in einer der schnellsten Sportarten der Welt, zur Langsamkeit gezwungen. Er legt seine Hand auf den Leib der Schnecke und lacht aus vollem Hals.

Ich verabschiede mich: »Ich mach' mich jetzt auf die Socken«. Joachim antwortet verschmitzt: »Du hast doch Sandalen an.« Ich nehme sein Lächeln mit – für Jürgen.

...

Als ich den Titel der nächsten Geschichte las, fiel mir ein Satz von Anton Kner ein: »Unser Leben ist die Geschichte unserer Begegnungen«.

...

Die Farbe der Haut –
Begegnung mit Hubert Sumlin

In der Zeitung hatte gestanden: »Am 5. Dezember 2011 ist der legendäre Blues-Gitarrist Hubert Sumlin zwei Wochen nach seinem 80. Geburtstag im Krankenhaus eines Vorortes von New York gestorben. Bekannt wurde er als Lead-Gitarrist in der Band von Howling Wolf und hat mit seinem Stil Jimi Hendrix, Eric Clapton und den Gitarristen der Rolling Stones, Keith Richards beeinflusst. Richards war von Hubert Sumlin so begeistert, dass er eine CD produzierte, auf der er zusammen mit seinem Vorbild spielt. Keith Richards hat auch die Krankenhausrechnungen von Hubert Sumlin bezahlt und sich die Beerdigungskosten mit Mick Jagger geteilt.«

Ich kann Keith Richards gut verstehen. 1991 fuhr ich als Tourneebegleiter eine Tour mit Erwin Helfers Chicago Blues All Stars plus Hubert Sumlin. Vom 23. Mai bis 9. Juni 1991 waren wir unterwegs zu Konzerten in Fulda, Eisenach,

Köln, Bochum, Landau, Gießen, Wendelstein, Siegen, Reichenbach, Dillenburg und Rödermark. Die drei freien Tage verbrachten wir in Sobernheim.

Von dieser Tournee habe ich noch eine Blechschachtel, in der einmal 20 holländische Cigarillos, Marke »Wilde Havana« waren, nun steckt ein Plastikbeutel mit einem Rest von Hubert Sumlins Pfeifentabak drin. Die Schachtel hatte er im Tourneebus vergessen; heute liegt sie im Regal bei meinen Tourneeunterlagen, neben einem Paar Manschettenknöpfen von Carey Bell. Wenn ich den Beutel öffne, strömt der Tabak noch immer den Duft von Pflaumen aus.

Am stärksten ist mir Hubert Sumlin in Erinnerung geblieben durch das Gespräch, das wir kurz vor unserem Abschied am Frankfurter Flughafen hatten. Am Ende jeder Tour fuhr ich die Musiker dorthin. Die Chicago All Stars saßen schon im Flieger, Hubert musste noch eineinhalb Stunden warten, bis sein Flug aufgerufen wurde.

Wir setzten uns ins Flughafencafé, tranken etwas und kamen beim Erzählen von Höcksjen auf Stöcksjen, unter anderem zu den Abstufungen der Farbe menschlicher Haut. Hubert sagte, seine Haut sei ja eher mokkabraun, doch die Haut seiner Großmutter sei so schwarz gewesen, dass sie im Sonnenlicht blau geschimmert habe.

Nie bin ich jemand mit so schwarzer Haut begegnet, doch Hubert konnte so phantastisch und mit solcher Power erzählen, dass ich seine Großmutter vor Augen hatte, als säße sie mit uns am Tisch und Hubert würde uns miteinander bekanntmachen: »Gerhard, das ist meine liebe Großmutter. Oma, das ist mein deutscher Roadmanager und Freund Gerhard.« Großmutter und ich würden uns anschauen und uns lächelnd die Hände reichen.

Und so hat Hubert Sumlin auch Gitarre gespielt. Wirklich, ich kann Keith Richards gut verstehen.

...

Meine Magenuhr schlug zwölf Uhr Mittags. Ich klappte das Buch zu, ging in den Speisesaal und setzte mich an meinen Platz. Kaum dass ich saß, brachte die Dame die Suppe.

»Ich wünsche guten Appetit.«

Ich dankte und nahm den ersten Löffel: eine Mango-Curry-Suppe, angenehm scharf gewürzt, ein guter Magenöffner für das anschließende Nasi Goreng mit Huhn und Chips. Zum Nachtisch gab es gebackene Bananen in Honig. Während des Essens schien die Sonne so einladend durch die Fenster des Speisesaals, dass ich beschloss, nachmittags im Freien zu lesen. Ich nahm das Blaue Buch und schlenderte in den Garten. Wiesen voller Gänseblümchen und liebevoll angelegte Blumenrabatten und Beete wechselten einander ab. Als ich den Brunnen erreichte, wusste ich: Hier fühle ich mich wohl.

Der Brunnen bestand aus vier Elementen: aus dem Fuß und der unteren Brunnenschale, etwa drei Meter im Durchmesser, darauf aufgesetzt eine achteckige Säule, auf der eine zweite, kleinere Brunnenschale ruhte. Aus dieser ließ ein Röhrchen eine Fontäne in die Höhe steigen; das Wasser fiel in die obere Schale und floss von dort in die untere.

Die vier Bänke um den Brunnen herum waren aus den Hälften eines Eschenholzstammes gezimmert, der der Länge nach durchgeschnitten worden war. Als ich mich niederließ, saß ich so bequem wie in einem Sessel, der für mich maßgearbeitet worden wäre. Ich schlug das Blaue Buch auf und las die nächste Geschichte.

...

Cappuccino mit Hoffnung

Die schönste Widmung meines Lebens –
auf Tour mit den Zydeco Farmers

Von 1991 bis '95 fuhr ich als Tourneebegleiter vier Tourneen mit einer Band aus Louisiana, den »Creole Zydeco Farmers«. Wieso Farmers? Zwei der Musiker waren im Hauptberuf Bauern: Die Brüder Murphy und Joe Richard züchteten Schweine und bauten Sojabohnen an. Der Gitarrist Chester Chevalier war im Hauptberuf LKW-Fahrer, und auch der Bassist Morris Francis konnte von der Musik allein nicht leben. Der Einzige, der das konnte, war der Schlagzeuger Clarence »Jockey« Etienne, »Jockey« deshalb, weil er so schmächtig war und dadurch die ideale Figur für einen Jockey hatte, einen Beruf, den er als junger Mann auch ausgeübt hatte.

Im Juni und Juli 1994 ging die Tournee durch die Schweiz, Italien, Deutschland und Frankreich. Bellinzona, Rovigo, Mel-Belluno – klangen diese Städtenamen nicht schon wie Musik? Den spielfreien 1. Juli verbrachten wir in Sobernheim, und die Farmers kochten in meiner Küche »Louisiana Soul Food«: Sechs Pfund Fleisch mit Kartoffeln und

Gemüse, scharf gewürzt. Es schmeckte wunderbar, war aber für sechs Personen viel zu viel. Beim besten Willen haben wir nicht alles gepackt.

Weil am nächsten Morgen die Zeit knapp war, vergaß ich, den Topf mit den Fleischresten auf dem Herd zu leeren. Als ich zehn Tage später, nach dem Ende der Tournee, wieder heimkam, zog sich vom Topf aus ein Bart aus Schimmel über den ganzen Herd. Unglaublich! Und der Geruch erst! Doch für die zwanzigtausend schwarzgrünen Fliegen war es das Paradies.

Am Ende jeder Tournee bat ich die Musiker, mit denen ich unterwegs gewesen war, mir eine Widmung aufs Tourneeplakat oder die Autogrammkarte zu schreiben, so auch am 10. Juli 1994 in Weinheim an der Bergstraße.

Im Hotel drückte ich jedem Musiker ein Bandfoto in die Hand und sagte: »Wenn ihr mir etwas Persönliches draufschreibt, freue ich mich.« Kurz darauf klopfte es an meine Tür: Jockey Etienne stand davor, lachte mich an und streckte mir die Autogrammkarte und eine Visitenkarte hin. »There you go! – Da hast du's!« Machte auf dem Absatz kehrt und schlurfte in sein Zimmer zurück.

Auf der Rückseite der Visitenkarte las ich: »*To the Best Friend I have in the world And in my heart. – Dem besten Freund, den ich in der Welt und in meinem Herzen habe. Jockey Etienne*«.

Niemals habe ich eine schönere Widmung bekommen. Nie hat mir ein Mann etwas geschrieben, das mich stärker berührt hätte. Am selben Abend hat die Ingelheimer Fotografin Gerlinde Heep das Foto aufgenommen. Menschen wie die Creole Zydeco Farmers und Gerlinde machen mein Leben reich und sind ein Geschenk, das sich für Geld nicht kaufen lässt.

...

Das war eindeutig ich auf dem Foto, und, na klar, Jockey Etienne, Chester Chevalier und die anderen Zydeco Farmers. Wie kam die Aufnahme in dieses Buch? Wer hatte dafür gesorgt, dass die Geschichte hier stand? Ob ich die Antworten noch im Blauen Buch finden würde? Ich falzte ein Eselsohr in die Seite und blätterte um.

...

Cappuccino mit Hoffnung –
vom Glück, nicht im Lotto zu gewinnen

Als ich letztens meiner Bekannten Pia begegnet bin, habe ich sie mit den Worten begrüßt: »Pia, du siehst aus wie das blühende Leben«.

Sie winkte ab: »Ich seh' immer so aus, aber wie's drinnen aussieht …«

Weil ich weiß, dass Pia ebenso gerne Cappuccino trinkt wie ich, schlug ich ihr vor: »Was hältst du davon, wenn wir beim Italiener einen Kaffee trinken?«

»Viel«, nickte sie.

Nachdem uns Antonio Piazza mit seinem schönsten Lächeln unsere Tassen gebracht hatte, fragte ich: »Magst du mir erzählen, wie's bei dir drinnen aussieht?«

Sie räusperte sich. »Nächste Woche fange ich bei einer neuen Arbeitsstelle an und habe Angst, dass ich das nicht schaffen werde. Manchmal macht mir alles Angst.«

Ich antwortete: »Ich kann mich noch an die Zeit erinnern, als es mir genauso ging, und rate mal, auf welche Lösung ich gehofft habe.«

»Einen Sechser im Lotto?«

»Stimmt! Wie hab' ich den herbeigesehnt.«

Sie nickte lebhaft: »Mit ,ner Million im Kreuz könnten mir alle Ängste den Buckel runterrutschen. Grad hab' ich meinen Lottoschein abgegeben.«

Wir begannen, uns auszumalen, was wir mit viel Geld tun würden. Irgendwann fragte Pia: »Hast du eigentlich je was gewonnen?«

»Ein paar Mal hatte ich einen Dreier, einmal einen Vierer, und wenn ich nicht zwei Mal das Kästchen genau nebendran angekreuzt hätte, wär's ein Fünfer geworden.«

»Wie bei mir. Da könnte man sich sonstwohin beißen. Und wie bist du mit deiner Angst fertig geworden?«

»Mein Psychotherapeutenfreund Robert hat mir geraten, nicht länger mit der Angst zu kämpfen, sondern zu versuchen, mit ihr ins Gespräch zu kommen und sie zu fragen, was sie von mir wolle.«

Pia beugte sich vor: »Und was hat die Angst geantwortet?«

»Zuerst ist sie stumm geblieben und hat gar nichts gesagt, bis Robert mir als nächstes vorschlug, ich solle neben mich treten, mir über die Schulter schauen und zuhören, wie ich mit der Angst rede. Und stell dir vor, das hat geklappt. Ich konnte hören, wie die Angst zu mir sagte: ›Ich will doch nur verhindern, dass du nochmal von allen ausgelacht wirst, so wie damals in der Schule, als dich der Musiklehrer während deines Stimmbruchs zum Vorsingen gezwungen hat.‹«

»Aber heute bist du doch kein Kind mehr.«

»Eben. Das habe ich der Angst auch gesagt.«

»Und dann war sie für immer weg?«

»Das nicht, aber der Anfang war gemacht, und wir sind im Gespräch geblieben, die Angst und ich, was folgendes bewirkt hat: Bin ich früher vor ihr weggelaufen und habe mich verkrochen, so schaue ich sie mir heute an und sage zu ihr: ›Da bist du also wieder und klopfst an meine Tür. Was gibt's? Was hast du mir zu sagen?‹

Im Rückblick habe ich erkannt: Es war mein Glück, k e i n e n Sechser im Lotto zu haben, sonst hätte ich nie erfahren, wie einfach es ist, mit seiner Angst zu reden und wie gut es tut, allein aus dem Dunkel herauszufinden.«

Wir tranken unsere Tassen leer, und Pia meinte: »Wenn das bei dir geklappt hat, dann könnte es bei mir doch auch funktionieren.«

Ich nickte und zahlte unsere Zeche bei Antonio. Als ich mich von Pia verabschiedete, sagte sie: »Mir ist ganz warm: vom Cappuccino – und von der Hoffnung.

...

Ja, das stimmte: Cappuccino und Hoffnung sind unabding-bare Betriebsmittel, wenn der Motor des Lebens rund laufen und schnurren soll. Mal sehen, ob er in der nächsten Geschichte auch schnurrte.

...

Geschenkte Zeit – und zweihundert Helden

Endlich hatten mein Freund Paul und ich mal wieder Zeit füreinander. Open End. Kein Termin im Kreuz. Das haben wir genutzt, um einen Spaziergang durch den Park unseres Spa-Hotels »Alexandre's am Park« zu machen. Wie die Störche sind wir durchs Wassertretbecken gestakst, bevor wir über die Höhe des angrenzenden Golfplatzes schlenderten und immer mal wieder ein Päuschen an den Aussichtspunkten einlegten, an denen sinnigerweise Ruhebänke stehen. So konnten wir erzählen wie lange nicht mehr.

Irgendwann meinte Paul: »Derzeit lese ich Homers ›Odyssee‹ wieder. Ich hatte das Glück, in unserer Büchersäule die gleiche Ausgabe zu finden, die ich als Achtjähriger verschlungen habe. Ich erinnere mich noch genau, was das Buch damals an Gedanken und Gefühlen bei mir ausgelöst und wie es mich gefesselt hat. Im Vergleich dazu ist es spannend zu erleben, was das Buch heute bei mir auslöst: ein Aha-Erlebnis nach dem anderen. Als Junge war Odysseus, der Held, unendlich weit weg. Seine Welt und meine Welt hatten keine Berührungspunkte. Wenn ich das Buch heute lese, kann ich mich in Odysseus wiedererkennen, so als steckte ich in seiner Haut.«

Ich antwortete: »Die Helden meiner Kindheit und Jugend waren für mich genauso unerreichbar weit entfernt wie für dich, Paul. Auf dem Stand war der Begriff »Held« für mich stehen geblieben, bis ich vor kurzem eine Geschichte gehört habe, an der zweihundert Helden beteiligt waren.«

»Die musst du mir erzählen«, meinte Paul.

»Erinnerst du dich an Michael Endes Buch, in dem das Mädchen Momo gegen die ›grauen Herren‹ kämpft, Zeit-diebe, die den Menschen Lebenszeit und Lebensfreude stehlen?«

Paul nickte.

»Meine Geschichte handelt auch von Zeit, aber nicht von gestohlener, im Gegenteil. Meine Geschichte ist auch kein Märchen, sondern hat sich in unseren Tagen in einer mit-telgroßen, deutschen Stadt zugetragen: In einer Familie mit drei Kindern war das mittlere an Krebs erkrankt. Die Belas-tung für alle war groß. Als sich das in der Firma des Vaters herumsprach, haben die Kollegen überlegt: Was können wir tun, um zu helfen? Sie kamen zu dem Schluss: Was er vor allem braucht, ist Zeit für seine Familie. Wenn jeder von uns auf einen Urlaubstag verzichten und ihm schenken würde … 200 Kollegen waren dazu bereit und haben ihm so ein dreiviertel Jahr bezahlten Urlaub geschenkt.«

»Hut ab«, sagte Paul, »das ist ein Licht der Hoffnung in Zeiten, in denen Menschen auf der Flucht im Mittelmeer ertrinken. Das ist ein Hoffnungzeichen in Zeiten, in de-nen Menschen bei Terroranschlägen zerfetzt werden, weil Fundamentalisten ›Nein‹ zum Leben sagen.«

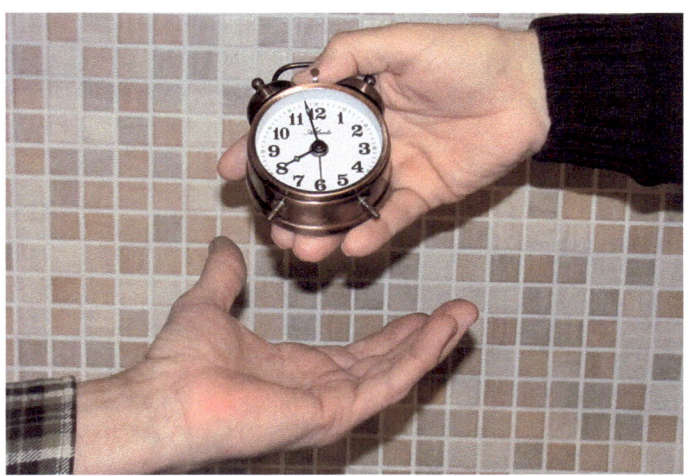

Mir fiel ein Satz Vaclav Havels ein: »Hoffnung ist nicht die Überzeugung, dass etwas gut ausgeht, sondern die Gewissheit, dass etwas einen Sinn hat, egal wie es ausgeht.«

Die Zweihundert waren sich gewiss, dass ihr Verzicht Sinn macht. Für die politisch und gewerkschaftlich Engagierten war es »ein Akt der Solidarität«, für die Christen »tätige Nächstenliebe«. Das soll jeder nennen, wie er will. Der Name ist nicht wichtig, was zählt, ist, dass wir wach sind und die Gemeinschaft leben. Was zählt, ist, dass die Starken die Schwachen stützen und für sie eintreten. Das haben die Zweihundert getan. Für mich sind sie Helden.«

Wir waren am letzten Aussichtspunkt angekommen und schlenderten zum »Alexandre's« zurück. Dort ließen wir das Ganze mit einer zweiten Runde Wassertreten ausklingen.

Nächsten Samstag sind wir wieder verabredet.

...

Wassertreten täte jetzt gut. Wenn es hier eine Kneipp-Anlage gäbe, ginge ich jetzt hin und würde mich erfrischen. Beim Abendbrot frage ich nach, dachte ich. Als ich die nächste Geschichte aufschlug, wunderte ich mich über den sonderbaren Titel.

...

Das Trutschel-Training –
profesionell entschleunigen

Mein Freund Paul hat Alters-Teilzeit eingereicht und ist jetzt in die so genannte Passivphase eingetreten. Doch als ich ihm dieser Tage begegnet bin, war er ganz grau im Gesicht. »Was ist denn mit dir los?«, habe ich gefragt.

Er stöhnte, seitdem er im Ruhestand sei, käme andauernd jemand anderes mit neuen Anschlägen auf ihn zu: Er habe doch jetzt die schönste Zeit, da könne er doch grade mal ... und zuerst hätte er ja auch: für den Turnverein, für den Seniorenkreis und für die Kirchengemeinde. Und das Ende vom Lied? Mehr Stress und weniger Zeit als in der Zeit seiner Berufstätigkeit.

Ich sagte: »Paul, da gibt's nur eins: Du musst lernen zu trutscheln!«

»Wie bitte? Was muss ich?«

Ich sagte: »Trutscheln ist wie trödeln: das Gegenteil von möglichst schnell ans Ziel kommen zu wollen. Trutscheln heißt: den Turbo ausschalten und nicht wie ein Trupp Arbeitsbienen durch ein Rapsfeld hetzen und hecheln, um es leerzurüsseln, sondern elegant, mit leichtem Flügelschlag, so wie ein Schmetterling, von Blüte zu Blüte flattern, mal hier schnuppern, mal dort rüsseln, auf einer Butterblume rasten und eine Brotzeit einlegen, auf einer Sonnenblume ein Sonnenbad nehmen und die Welt von höherer Warte aus betrachten – das ist trutscheln!«

Er meinte: »Das klingt wie die Einladung zu dem Wochenend-Seminar, die ich bekommen habe: »Wenn du es eilig hast, geh langsam – professionell entschleunigen! 298 Euro plus Mehrwertsteuer plus Hotel und Verpflegung.«

Ich sagte: »Paul, die Richtung stimmt. Wenn du erstmal trutscheln kannst, hast du's nicht mehr eilig. Und wenn du die 298 Euro plus Mehrwertsteuer in ein paar Kisten mit gutem Wein investierst, bringe ich dir höchstpersönlich bei, wie trutscheln geht. Dafür sollten wir uns aber mehr als nur ein Wochenende Zeit nehmen. Einverstanden?«

Er grinste: »Einverstanden.«

Sehen Sie, und jetzt sind wir schon den dritten Samstagabend beim Trutschel-Training, und ich muss zugeben: Er gibt sich wirklich Mühe und macht gute Fortschritte. Noch drei, vier Wochen, dann sind wir am Ziel. Wir tanken aber auch besten Treibstoff: Super plus, kein E10.

...

Die Sonne hatte schon solche Kraft, dass mir Schweißperlen auf der Stirn standen. Wenn es hier keine Kneipp-Anlage geben sollte, hätte das Haus ja vielleicht einen Sonnenhut für mich. Beim Abendbrot werde ich nachfragen. Mit der nächsten Geschichte begann das siebte Kapitel.

...

Menschen wie Medizin

Der Engel vom Walldorfer Kreuz – von Kupplungen und kurzen Wegen

Am Donnerstag, dem 16. Juni 1938 nahm der amerikanische Sänger Saint Louis Red Mike in Aurora/Illinois einen Blues auf: »Hell ain't but a mile and a quarter – Bis zur Hölle sind es nur eineinviertel Meilen«. Er wurde dabei von dem Pianisten Blind John Davis begleitet.

Am Donnerstag, dem 26. September 2013 sind Doro und ich abends auf der Autobahn unterwegs von Pforzheim nach Bad Sobernheim. Vormittags war für 700 Euro eine neue Kupplung in Doros Fiat eingebaut worden. Vor Karlsruhe brettere ich noch pfeifend an einem Stau auf der Gegenspur vorbei, doch hinter Bruchsal vergeht mir das Pfeifen, als wir selbst in einen Stau geraten, 18 Kilometer lang, wie der Verkehrsfunk meldet.

Als ich nach längerem Staustopp in den ersten Gang schalten will, kommt das Kupplungs-Pedal nicht mehr hoch. Als ich wieder drauftrete, kommt es zwar hoch, aber ab dann bleibt es fast immer unten. Mit kaltem Schweiß auf der Stirn, wechsele ich in die rechte Spur. Ein Schild zeigt einen Parkplatz an, doch der ist nur ein Plätzchen und steht schon voller LKW. Vier LKW, die keinen Platz mehr finden, stehen auf der Standspur bis zum Parkplatz hin. Ich bleibe hinter ihnen stehen, schalte den Warnblinker ein und stelle das Warndreieck auf. Doro ruft ihren Vater an, der sagt, er komme so schnell er könne, um uns abzuschleppen.

Wir warten. Nach eineinhalb Stunden löst sich der Stau auf, der dritte und vierte LKW vor uns fahren weiter. Als wir aufschließen wollen, gibt auch noch die Batterie den Geist auf. So schiebe ich unseren Fiat hinter die beiden Lastwagen. Sobald sie wegfahren würden, wäre der Weg zum Parkplatz frei, doch geht es bergan und ist zu steil, um allein zu schieben. Die beiden LKW vor uns fahren tatsächlich fort. Fast zeitgleich nähert sich von hinten ein Fahrzeug mit Blaulicht, ein Polizeiwagen. Eine junge Beamtin steigt aus und fragt, was los sei. Ich erzähle ihr vom Kupplungsdefekt und dass wir auf den Parkplatz wollen, aber nicht können. »Haben Sie die Polizei verständigt?«, fragt sie. »Nein«, sage ich, »muss man das? Wusste ich nicht. Tut mir leid.«

Sie überlegt einen Moment. Ich denke: Au weia, jetzt rattern die Paragrafen durch ihr Hirn, bis sie sagt: »Wissen Sie was? Dann schiebe ich jetzt mit Ihnen das Auto auf den Parkplatz, und mein Kollege holt Ihr Warndreieck und fährt hinter uns her.«

Das tun wir. Ich sage: »Sie sind ein Engel.« Sie lacht. Ich frage: »Warum drückt eigentlich Ihr Kollege nicht und Sie fahren?« Sie sagt: »Weil wir gleichberechtigt sind. Wenn Emanzipation, dann richtig.«

Ab da beginnt die Steigung, und meine Luft langt nur noch zum Schieben, nicht mehr zum Sprechen, bis Doros Fiat schließlich auf dem Parkplatz steht. Heureka!

Mit dem letzten Rest Luft bedanke ich mich. Der Engel sagt: »Bitteschön«, will ins Polizeiauto steigen und wegfahren. Ich frage: »Sagen Sie mir bitte Ihren Namen?« Sie gibt mir ihr Kärtchen und das ihres Kollegen: Polizeikommissarin Kerstin Blum und Polizeiobermeister Oliver Schneider, Streifendienst Autobahnpolizei Walldorf.

o

Saint Louis Red Mike mag recht haben, dass es bis zur Hölle nur eineinviertel Meilen sind, zwei Kilometer Fahrt mit einer defekten Kupplung auf der A5 führen genauso schnell hin. Doch Kerstin Blum, der Engel vom Walldorfer Kreuz, ist der Beweis dafür, dass es bis zum Himmel auch nicht weiter ist.

…

Ich rechnete: Blind John Davis war 1938 bei den Aufnahmen mit Saint Louis Red Mike 24 Jahre alt gewesen. Als ich 1985 die Aufnahmen für meine LP »Inspiration Stomp« machte, hatte ich das Glück, ebenfalls von John begleitet zu werden, der 71 war und fünf Monate später gestorben ist. Vermutlich waren seine Aufnahmen mit mir die letzten, die er gemacht hat. Sobald ich daheim bin, werde ich sie mir wieder anhören. Zum ersten Mal seit meiner Ankunft spürte ich, dass ich mich auf meine Heimkehr zu freuen begann.

…

Schmerz und Liebe – Hut ab vor Schwester Shery

Als ich im Seniorenheim meine Bekannte Maria Langner besuche und nach ihrem »Herein!« das Zimmer betrete, sitzt sie in ihrem Sessel am Fenster und weint. Ich setze mich zu ihr und halte ihre Hand, bis ich nach einer Weile frage, ob sie mir erzählen mag, was sie bedrückt.

Sie schluckt ein paar Mal, bevor sie über ihren Kummer sprechen kann: »Ich habe so starke Schmerzen in den Beinen, dass ich nachts nicht schlafen kann. Als mir eine Bekannte mit den gleichen Beschwerden von einem Medikament erzählt hat, das ihr geholfen habe, bat ich die Schwestern, meinen Hausarzt zu verständigen und um seinen Besuch zu bitten, damit er mir das gleiche Medikament verschreibt. Die Schwestern haben es versprochen, doch innerhalb fünf Tagen hat sich nichts getan. Mein Hausarzt hat sich nicht gemeldet.«

Während ich wütend auf die Schwestern bin, die Maria so hinhalten, hatte es ihr erst einmal gut getan, sich auszusprechen. Manchmal ist es besser, jemandem zuzuhören, statt ihn gleich mit Ratschlägen und Lösungen zuzuschütten, und seien sie noch so gut gemeint.

Als ich mich um die Mittagszeit von Maria verabschiede, lasten ihr Kummer und meine Wut auf schlechte Pflegekräfte auf meinen Schultern. Im Gang vor dem Speisesaal reicht eine Altenpflegerin einer alten Frau im Rollstuhl Suppe an. Der größte Teil der Suppe läuft der alten Frau aus dem Mund zurück auf das Baumwolltuch über ihrem Oberkörper. Geduldig wartet die Schwester, bis die Frau den Mund für den nächsten Löffel aufmacht. Eine ältere Kollegin, die vorbeikommt, sagt: »Nicht steh'n beim Anreichen, Shery. Das gibt Rückenschmerzen. Warte kurz, ich hol' dir einen Hocker, dann kannst du dich setzen.«

Das bekomme ich im Vorübergehen mit und freue mich doppelt: einmal über Schwester Sherys Geduld und liebevolle Zuwendung und zum zweiten über die Haltung ihrer fürsorglichen Kollegin. Die doppelte Freude bläst meine Lasten schneller von den Schultern als der Herbstwind Blätter von den Bäumen weht.

Wieder daheim, rufe ich Marias Hausarzt an und am späten Nachmittag noch einmal sie. Sie freut sich: »Vor einer Stunde war der Doktor hier und hat mich ausführlich untersucht. Dann hat er mir das Medikament verschrieben.«

Ich setze mich aufs Rad und fahre in die Seniorenresidenz, lasse mir von der Stationsschwester das Rezept geben, hole das Mittel in der Apotheke und bringe es Maria.

Als ich am nächsten Morgen bei ihr vorbeischaue, sagt sie: »Was bin ich froh! Die neue Medizin wirkt Wunder: Ich hab' die ganze Nacht durchgeschlafen.«

Welch gute Nachricht! Nachdem ich mich von Maria verabschiedet habe, frage ich nach Schwester Shery, und als sie einen Moment Zeit für mich hat, mache ich im Schwesternzimmer das Porträtfoto von ihr.

Von Shery weiß ich nicht mehr als das, was ich im Vorübergehen mitbekam, habe sie nicht länger als die paar Minuten erlebt, die ich im Schwesternzimmer auf sie warten musste, bis sie Zeit für mich hatte. Mehr muss ich aber auch gar nicht wissen, um sagen zu können: »Vor Schwestern und Pflegern mit Mitgefühl für ihre Patienten und Patientinnen habe ich Respekt. Für Pfleger und Schwestern, die Menschen mit Empathie begegnen und ihre Arbeit mit Liebe machen, empfinde ich Hochachtung.

Hut ab vor Schwester Shery! Hut ab vor allen Schwestern Sherys dieser Welt!

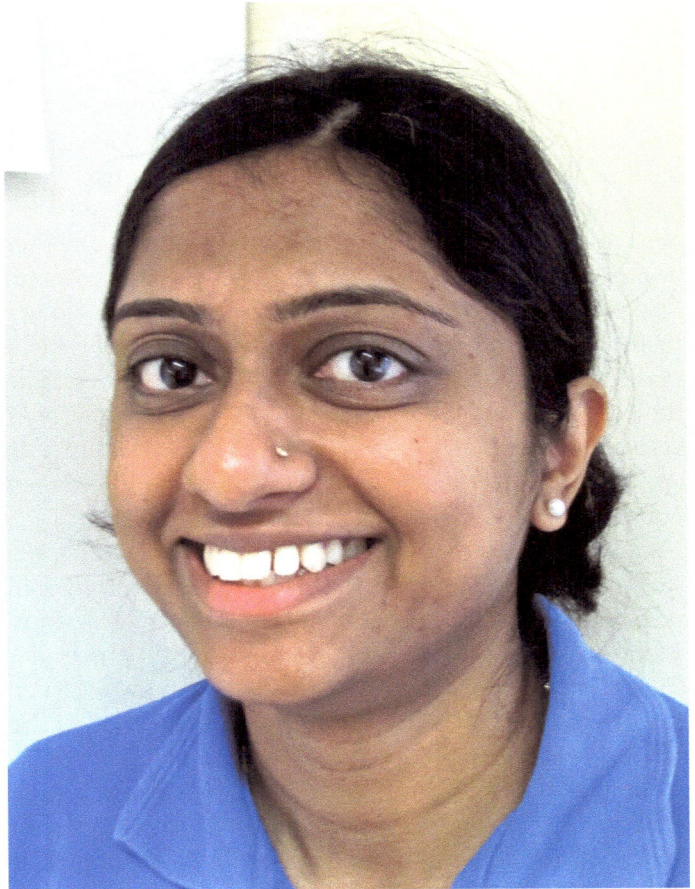

Das Porträtfoto von Schwester Shery anzuschauen, tat gut, war wie Medizin, die innerhalb Sekunden wirkt. Als ich

umblätterte, war ich gespannt, welcher Medizin ich hier begegnen würde.

...

Bammel im Bauch – und heilende Worte

Als ich im Mai 1985 den Bluespianisten Blind John Davis nach seiner letzten Europa-Tournee zum Frankfurter Flughafen fuhr, entdeckte ich inmitten allen Trubels und Treibens im Flughafengebäude den »Raum der Stille«. Seither besuche ich solche Räume, wo immer es sie gibt, sei es im Diakonie-Krankenhaus Kirn, im Mainzer und im Kölner Dom, wo es touristisch belebter und lauter zugeht als in manchen Flughäfen. Zuletzt war ich im Raum der Stille im Klinikum Idar-Oberstein, wo ich einige Tage stationär verbringen musste, weil eine Herzkatheteruntersuchung angesagt war, bei der vermutlich ein Stent gesetzt werden würde.

Nachdem meine Schwester mich hingefahren hatte, besuchten wir als erstes meinen Freund Christian Herzig in dessen Büro, sagten ihm hallo und wurden herzig begrüßt. Wenn man in einem solchen Riesenhaus mit einem der 1300 Mitarbeiter befreundet ist, wird aus dem »Moloch von Klinik« das »Haus, in dem mein Freund arbeitet«, und das schon 32 Jahre lang.

Dann rücke ich auf Station 21 ein. Zwei Ärzte führen Aufnahmegespräche mit mir: der indische Arzt Dr. Ravinder Singh Sambi, ein Turbanträger, und die jemenitische Ärztin Dr. Abeer Al-Khorashi, eine Kopftuchträgerin.

Von allen Pflegekräften bin ich kompetent und freundlich behandelt worden. Wenn ich drei Namen nenne, dann deshalb, weil ich sie als besonders geduldig, freundlich und zugewandt erlebt habe: Schwesternschülerin Luisa-Fernanda aus Kolumbien, Schwester Jolanta aus Polen und Schwester Judith, die so ein feines Hochdeutsch spricht, dass sie unmöglich aus Idar stammen kann und aus Oberstein schon gar nicht.

Die Untersuchung ist für Freitag, 26. Juli angesetzt, meinen Geburtstag. Man gönnt sich ja sonst nichts! Ab Mitternacht nichts mehr essen und trinken. Gegen zehn werde ich von zwei Mitarbeitern des Servicedienstes abgeholt, besteige die Transportliege wie Don Quichotte sein Ross Rosinante, mit nichts als dem hinten offenen, weißgrünen Hemdchen bekleidet. Auch die Unterhose muss ich ausziehen. Was, wenn mir jetzt das Herz in die Hose rutscht?

Ich werde aus meinem Zimmer gerollt. Nicht dass ich einen Riesenbammel hätte, aber ein bisschen Bammel habe ich schon, obwohl Christian mir gesagt hatte, dass Herzkatheter-Computer der heutigen Generation sehr viel präziser arbeiten würden als die der Vorgängergeneration. Kunststück! Schließlich kosten sie ja auch eine halbe Million Euro.

So schieben die beiden Mitarbeiter vom Servicedienst mich mit meinem bisschen Bammel im Bauch durch den Flur. Dr. Al-Khorashi, die jemenitische Ärztin mit dem Kopftuch, kommt uns entgegen, berührt mich im Vorübergehen an der Schulter und sagt: »Alles Gute!« Berührung und Worte bewirken, dass ich bammellos im Herzkatheterlabor ankomme.

Gut, dass es in Idar-Oberstein die millionenschwere Apparatemedizin gibt. Gut, dass so viele Mitarbeiter aus zig Nationen so empathisch und liebevoll kranke Menschen pflegen. Und schließlich gut, dass das Klinikum Idar-Oberstein Frauen mit Kopftüchern nicht vom Dienst ausschließt, wie das in manch anderen Krankenhäusern der Fall ist. Denn siehe: Auf die Kopfbedeckung kommt's nicht an, der Mensch darunter zählt.

…

Mein Magen knurrte, und ich sah auf die Uhr: Zwanzig vor sechs. Im siebten Kapitel war nur noch eine Geschichte übrig, die ich vor dem Abendbrot lesen wollte.

…

Der Engel bei der Bank – die rettende Begegnung

Vor Jahren hatte ich ein Gespräch mit dem Kreditsachbearbeiter meiner Bank. Worüber? Über Geld natürlich, Geld, das ich nicht hatte, aber dringend benötigte. Ich hatte bei dieser Bank bereits ein Darlehen, das ich erhöhen wollte, und dachte, das sei keine große Sache, weil die Gesamtsumme durch eine Hypothek auf mein Haus mehr als abgesichert war. In früheren Jahren hatte das problemlos geklappt.

Diesmal war es anders. Der bisherige Leiter der Kreditabteilung war in den wohlverdienten Ruhestand gegangen und sein Nachfolger, ein neuer Besen, der zeigen wollte, wie gut er kehren konnte, strotzte nur so vor Dynamik und Ehrgeiz.

Ich war damals um die fünfzig, und das Leben hatte mich gelehrt, die Dinge doch eher mit Ruhe und Bedacht anzugehen. Als mir nun der neue, junge, dynamische Kreditsachbearbeiter vorrechnete, dass ich bei meiner derzeitigen Tilgungsrate 48 Jahre bräuchte, um mein Darlehen zurückzuzahlen, antworte ich: »Okay, dann bin ich 98. Warum nicht! Es wäre natürlich auch möglich, dass ich mehr tilge, wenn ich erst mal voll durchstarte mit meiner Karriere.«

Doch irgendwie schienen diese Worte bei meinem Gesprächspartner nicht die Wirkung zu entfalten, die ich mir erhofft hatte. Ob ich nicht mit genügend Überzeugungskraft gesprochen hatte? Vielleicht glaubte ich selbst auch gar nicht mehr so recht an mein berufliches Durchstarten. Wie auch immer, meinem Gegenüber ist in dem Moment der Kragen geplatzt, und er hat alles abgeschmettert. Alles. Das sagte er nicht höflich-dezent, in halblautem Ton, bedauernd und mit einem Achselzucken, sondern knallhart und kompromisslos: Von ihm bekäme ich keine müde Mark bewilligt. Fertig! Aus! Basta!

Er sagte es dermaßen laut, dass man es auch außerhalb der dünnen, mobilen Trennwände seines Büros hören konnte, was mir peinlich war. Ich schluckte und brachte keinen Ton mehr heraus, stand mit rotem Kopf auf und ging.

Auf dem Weg durch die Schalterhalle, Richtung Ausgang, kam mir eine junge Bankangestellte entgegen, die mich ansah und fragte: »Guten Tag, Herr Engbarth, waren Sie im Urlaub?«

Ich antwortete irritiert: »Im Urlaub? Nein. Wieso?«

Sie strahlte mich an und sagte in herzlich-warmem Ton:

»Sie haben so schön Farbe.«

Ach, wie hat das gut getan! Die Freundlichkeit und Empathie dieser jungen Frau haben all meine aufgewühlten Gefühle besänftigt. Da begegnete ich gerade einem Engel, der alles wieder gutmachte, was ihr junger, dynamischer Kollege zuvor zerdeppert hatte.

Wenn ich zurückblicke, kann ich feststellen: Dieses Erlebnis hat wie eine Impfung gewirkt, eine Schluckimpfung gewissermaßen. Weil ich an dieser Kröte so heftig zu schlucken hatte, wurden sämtliche Abwehrkräfte meines seelischen Immunsystems aktiviert: So etwas wollte ich nie wieder erleben, und ich habe es auch nie wieder erlebt, woran man sehen kann, dass alles für etwas gut ist, selbst fette Kröten, die einem das Leben manchmal zu schlucken gibt.

…

Ich hustete so heftig, als ob mir tatsächlich eine Kröte im Hals säße, die es herauszuwürgen galt. Im Speisesaal war mein Tisch eingedeckt wie abends zuvor. Ich entschied mich für einen Abendbrotkräutertee. Schon der Klang des Namens gefiel mir, und was noch besser war: Der Tee hielt, was der Klang des Namens versprochen hatte.

Nach dem Abendessen ging ich zum Hotelempfang und betätigte die Messingglocke. Die Dame erschien, und ich fragte: »Gibt es hier eine Kneipp-Anlage mit Tret- und Armbecken?«

Sie schüttelte den Kopf: »Leider nicht, doch da schon mehr Gäste den Wunsch nach dieser Art Erfrischung geäußert haben, werde ich mir eine Notiz machen und das Thema bei nächster Gelegenheit vortragen.«

»Könnten Sie mir denn mit einem Sonnenhut weiterhelfen?«

»Ein Sonnenhut? Das sollte sich machen lassen. Ich werde es abklären und Ihnen morgen früh Bescheid geben.«

»Danke. Können Sie mich jetzt bitte zum Archiv bringen?«
»Gerne.«

Sie führte mich durch einen Flur zu einer Tür, die sie öffnete, und wir betraten einen rundum verglasten Gang, der an ein Gewächshaus erinnerte, aber edler in der Ausführung war. Nach etwa 30 Schritten endete der Gang an einer Tür, die die Dame für mich aufhielt.

Ich betrat den Raum und staunte: Er war kreisrund. An der Außenwand bildeten etwa 80 Zentimeter hohe Aktenschränke einen Sockel. Jeder der Aktenschränke war mit zwei Schubladen bestückt; eine Arbeitsplatte aus massivem Naturholz diente als Abdeckung, an deren hinterem Rand sich ein Kranz von Ordnern an der Wand entlangzog. Darüber, bis unter die Decke, ließ eine durchgehende Fensterreihe viel Licht in den Raum fallen. In der Mitte stand der gleiche Ohrensessel wie in meinem Zimmer.

»Was wird hier archiviert?«, fragte ich.

»Geschichten, einzig und allein Geschichten«, antwortete die Dame, »jeder der Schübe unter der Arbeitsfläche ist voller Hängeregister-Mappen mit Geschichten für das Blaue Buch.«

»Für mein Blaues Buch?«, fragte ich.

»Für Ihr Buch und für die Bücher der anderen Gäste.«

»Andere Gäste? Bisher bin ich noch keinem begegnet.«

Sie lächelte: »Bedenken Sie, dass das Jahr schon 120 Tage hatte, bevor Sie kamen und dass weitere 242 Tage folgen werden, nachdem Sie gegangen sind. Rechnen Sie Ihre drei Tage hinzu und teilen das Ganze durch drei, folgt daraus, dass unsere jährliche Kapazität bei 121,67 Gästen liegt.«

»Ach so«, sagte ich, »Sie betreuen immer nur einen einzigen Gast. 121 Gäste pro Jahr, das macht in 10 Jahren 1210 Gäste und 12.100 Gäste im Jahrhundert. Wenn im Blauen Buch jeden Gastes um die 50 Geschichten stehen, ergibt das mehr als eine halbe Million Geschichten. Langt dafür denn der Platz in Ihrem Archiv?«

Sie nickte: »Oh ja. Wenn auch die Anzahl an Schicksalen immens ist, vergessen Sie bitte nicht, dass viele Geschichten sich wiederholen. Von daher reicht es völlig aus, wenn wir im Archiv exemplarische Exemplare speichern.« Wieder amüsierte sie sich köstlich über ihre Wortspielerei mit den exemplarischen Exemplaren.

»Ich verstehe. Dann lese ich jetzt hier das achte Kapitel, und morgen, an meinem dritten und letzten Tag, werde ich die restlichen vier Kapitel in den Räumen lesen, die ich noch nicht kenne.«

»Geben Sie mir Bescheid, es ist mir eine Freude, Sie überall hinzuführen.«

»Danke«, sagte ich, »Sie sind sehr freundlich.«

Sie lächelte: »Ich arbeite gerne hier, mein Job macht mir Freude. Ich habe das Glück, an einem Ort zu arbeiten, wo andere Leute Urlaub machen und für immer bleiben wollen. Da ist es keine Kunst, freundlicher als die Schmitten zu sein.«

Ich stutzte. Was wusste sie von der Schmitten? Doch dann erinnerte ich mich, dass sie ja den Inhalt meines Blauen Buches kannte. Sie schloss die Tür, und ich setzte mich in den Sessel und begann zu lesen.

...

Zum Glück gibt es Freunde

Mein Freund Guxuan –
vom Zauber einer neuen Freundschaft

Über der Bank der Freundschaft in meinem Garten hängt ein Holzbrett, in das ich mit dem Lötkolben die folgenden Worte eingebrannt habe: »Beim Aufzählen der Weltwunder wurde die Freundschaft unter den Menschen vergessen.« Als ich Mirijam Günters Satz vor Jahren hörte, brannte er sich in mein Gedächtnis ebenso stark ein.

Ich staune immer wieder, wenn zwei Fremde miteinander ins Gespräch kommen. Die ersten Worte sind spannend, das erste Lächeln ist entscheidend. Alles wird dadurch anders. Wenn die beiden sich das nächste Mal begegnen, bedeutet das Lächeln: »Ich freue mich, dich zu sehen.«

Bei Guxuan und mir war das so gewesen: Nachdem ich stundenlang am Computer gesessen und geschrieben hatte, wollte ich eine Runde ums Carré gehen. Weil ich in der Friedhofsallee wohne, heißt das: eine Runde über den Friedhof gehen, seit Kindertagen der Park vor meiner Haustür. Mit Guxuans Mutter hatte ich mich schon ein paar Mal unterhalten. Einmal, als er bei ihr war, hatte ich ihn nach seinem Namen gefragt. »Guxuan« war für mich ebenso schwer zu merken wie für ihn »Gerhard«.

Als er mir heute entgegenkommt, ist er allein. Er schaut mich an und fragt: »Kennst du den Leon?«

»Ja, den kenne ich«, sage ich und frage zurück: »Kennst du auch den Josef?«

Guxuan nickt: »Klar! Das ist doch der Bruder von Jakob«.

»Ja«, sage ich, »und die Oma von Jakob und Josef ist meine Schwester Traudel.« Und schon haben wir mit unseren Booten angedockt im Hafen der Gemeinsamkeiten.

Ich frage: »Wie alt bist du?«

Er sagt: »9 und ich gehe in die zweite Klasse. Ich könnte auch in die dritte Klasse gehen. Ich bin nämlich schon in China in die zweite Klasse gegangen – und wie alt bist du?«

»Ich bin 63«, antworte ich.

»Ach so«, meint er.

Als ich merke, dass er nicht wirklich etwas mit dieser Zahl anfangen kann, helfe ich ihm: »Ich bin 7 Mal so alt wie du: 7 Guxuans = 1 Gerhard!«

Er lacht und fragt: »Kommst du mit? Ich möchte dir meine Blume zeigen.«

»Gerne«, sage ich und gehe mit ihm die paar Schritte bis zu seinem Haus. Er klingelt, und als seine Mutter die Tür öffnet, ist er schwuppdiwupp an ihr vorbeigeschlüpft und kommt mit seiner Blume zurück.

Ich bin ganz schön stolz, dass mir mein neuer Freund Guxuan seine Blume zeigt. Es ist die schönste Blume der Welt.

...

Meine Buntnessel fiel mir ein, »Coleus Blumei« mit ihrem vornehmen, lateinischen Namen. Hatte ich sie eigentlich gegossen, bevor ich von zu Hause aufgebrochen war? Wenn nicht, werde ich das gleich als erstes tun, wenn ich wieder daheim bin. Bei der Gelegenheit könnte ich sie auch noch düngen. Sie hatte zuletzt ausgesehen, als ob sie es gebrauchen könnte.

...

Das Geschenk – eine Taschenlampe für die Seele

Mein Freund Stefan hat den Kopf geschüttelt. Nein, nach Santiago de Compostela wolle er nicht pilgern, er wolle einfach nur wandern: zwei Tage lang, über den Hunsrück, an der Mosel entlang, bis nach Bullay, wo der Bruder wohnt und auch die Mutter. Zwei Tage lang wolle er allein sein mit der Natur und mit sich selbst, so sagte er und fragte, ob ich ihn Dienstagmorgen nach Weiler fahren könne. Dort wolle er seine Wanderung beginnen.

»Na gut«, habe ich geantwortet, »dann fahr' ich dich nach Weiler.« Es ist mir in der Zeit nicht gut gegangen: Mit tausend Sorgen und Ängsten habe ich mich herumgequält und wusste nicht, wie ich Herr über sie werden sollte. Aber wenn einem ein Freund um einen Gefallen bittet, zögert man nicht mit der Antwort, egal, wie es einem geht.

Als er am Dienstagmorgen kam, hatte er einen kleinen Rucksack über der Schulter, an dem ein Schlafsack festgezurrt war. »Mit leichtem Gepäck reisen«, sei sein Motto, meinte er und sah mich an: »Wäre auch was für dich«.

Während ich Kaffee kochte, redeten wir kaum ein Wort. Ich war still, weil meine Last mir so zentnerschwer aufs Gemüt drückte, und er schwieg, weil er spürte, was mit mir war. Dann gingen wir zum Auto, und ich fuhr ihn die paar Kilometer nach Weiler.

»Gehst du ein Stück Weg mit?«, fragte er. Da bin ich mit ihm gegangen, durch die Julifelder. Irgendwann sagte ich: »Jetzt muss ich zurück.«

Er blieb stehen: »Greif' mal in die linke Außentasche

meines Rucksacks!« Eine Taschenlampe war darin, mit einer Kurbel dran, um den Akku wieder aufzuladen.

»Die schenk' ich dir«, sagte Stefan.

»Aber die brauchst du doch auf deiner Wanderung«, antwortete ich.

Er hat mich angeschaut und mir die Hand auf die Schulter gelegt: »Die Lampe soll dir leuchten auf deinem Weg!«

Dann ist er losgegangen. Bevor er um die Wegbiegung verschwunden war, hat er sich noch einmal umgedreht und wir haben uns zugewinkt.

Sein Segenswunsch ist in Erfüllung gegangen: Stefan Stenzhorns Lampe und seine Worte leuchten mir seitdem. Es hat eine Weile gebraucht, bis ich es bemerkt habe, aber ist das nicht immer so im Leben?

...

Stefan. Wie lange hatte ich nichts mehr von ihm gehört. Irgendwie hatten wir einander aus den Augen verloren. Wir hatten keinen Streit gehabt, es hatte kein Zerwürfnis gegeben, und auch sonst war nichts vorgefallen. Vermutlich hatten wir den Kontakt verloren, weil uns auf der äußeren Ebene von Beruf und Wohnsituation nichts mehr verband. Darüber war die innere Ebene verdorrt. Wenn man Freundschaften nicht pflegt, verdorren sie.

Ich sah auf die Uhr: Obwohl es erst kurz nach neun war, fühlte ich mich so müde und erschöpft, als hätte ich gerade den Ironman Hawaii absolviert. Zugleich war ich neugierig auf die nächste Geschichte.

...

Mein Freund Johnny –
schwarzer Minnesänger Johnny Young

«Blumen können nicht blühen ohne die Wärme der Sonne. Menschen können nicht Mensch werden ohne die Wärme der Freundschaft.« Dieser Satz Phil Bosmans fällt mir ein, wenn ich an Johnny Young denke. Das Glück, seine Freundschaft erlebt zu haben, hat mein Leben verändert, hat es hell und reich gemacht.

1966 hatte ich ihn zum ersten Mal singen und Mandoline spielen gehört, als im Radio eine Blues-LP vorgestellt wurde, aufgenommen nach der Ermordung John F. Kennedys. Johnny Young sang vom Schmerz über den Tod seines jungen Präsidenten, der Hoffnungsträger so vieler Schwarzer gewesen war. Sänger und Song berührten mich tief.

1972 war in meinem Postfach im Frankfurter Studentenwohnheim in der Bockenheimer Warte ein Telegramm, in dem die Konzertagentur Lippmann & Rau anfragte, ob ich für sie die Pressetexte für das nächste American Folk Blues Festival verfassen könne. Ich bejahte und fragte zurück, ob ich die Tournee als Gast mitfahren dürfe. Horst Lippmann war unter der Bedingung einverstanden, dass ich mein Hotelzimmer selbst zahlen würde.

So wartete ich am 10. Oktober 1972 im Stuttgarter Flughafen auf die Musiker, die nach und nach durch die Milchglas-Türen des Ankunftsportals kamen: Roosevelt Sykes, Jimmy Rogers, Bukka White, Lightning Slim und schließlich Johnny Young. Vom ersten Moment an mochte ich ihn und sein warmherziges Lachen, seine Freundlichkeit.

Die ersten drei Übernachtungen in gehobenen Mittelklasse-Hotels zehrten meine Finanzen auf. Ich hätte entweder heimfahren müssen oder meine Eltern bitten, mir Geld zu schicken. Beides wollte ich nicht. So fragte ich Johnny, ob ich auf der Couch in seinem Zimmer schlafen dürfe. Er lachte: «Du kannst sogar in meinem Bett schlafen.»

«Wie bitte?»

«Nicht, was du denkst. Mein Bett steht leer, weil ich wegen meines Übergewichts im Liegen Herzprobleme bekomme. Deshalb schlafe ich im Sessel.»

So lernte ich Johnny Young aus allernächster Nähe kennen, und wir wurden Freunde.

Im Rückblick ist die Zeit von 1972 bis heute so schnell vergangen wie die drei Wochen im Tourneebus, quer durch Europa: Köln, Hamburg, Kopenhagen, Antwerpen, Den Haag, Berlin, München – ich war 22 und das Leben ein Abenteuer.

Nach der Tournee schrieb Johnny Youngs Lebensgefährtin mir den folgenden Brief: «Lieber Gary, danke, dass du so nett zu Johnny warst. Wenn du herkommst nach Chicago, kannst du bei uns wohnen, und ich werde dein Lieblingsessen kochen. Wir haben fünf Hunde und vier Katzen. Du wirst dein eigenes Zimmer haben, und ich werde eine Katze für dich kaufen, die bei dir schläft. Wir werden gut für dich sorgen. Aber du darfst nicht böse sein, wenn ich dich nur mit Johnny weggehen lasse. Dies ist eine schlimme Stadt. Komm' nicht vorm Sonnenschein, denn unsere Winter sind schrecklich. Johnny dankt dir sehr für alles, was du für ihn getan hast. Ich habe das Gefühl, als ob ich dich kenne. Alles Liebe von Johnny und mir. Rose Goebel.»

Nie habe ich einen schöneren Brief bekommen, von niemandem mehr über den Blues gelernt als von Johnny Young, der mir gezeigt hat, dass der Blues mehr als eine Musikform ist: Er ist eine Lebensform, ist Lebensmittel, ist Überlebensmittel. Er erzählt vom Verlassenwerden, von der Einsamkeit, der Angst – und er erzählt von der Hoffnung, macht Mut zu Liebe und Freundschaft, immer wieder Liebe und Freundschaft. Danke, Johnny Young.

...

Die Erinnerung an Johnny Young rief einen Gedanken in mir wach, der mich schon länger beschäftigte: Ich war phantastischen Musikern begegnet, die menschliche Nieten waren: eitel, selbstverliebt und eifersüchtig auf die Erfolge anderer. Das Gegenteil hatte ich auch erlebt: wunderbare Menschen, aber mittelmäßige Künstler. Dass beides so zusammenfiel wie bei Johnny, war ein Glücksfall. Der Kombination von

genialem Musiker und wundervollem Menschen begegnet
man nicht jeden Tag, doch das Glück, ihnen zu begegnen
und sie zu Freunden zu gewinnen, habe ich noch öfters er-
leben dürfen.

...

Ein Märchen –
und ein Satz wie eine ausgestreckte Hand

Ich war fünf oder sechs, als unsere Mutter meiner Schwester und mir das Märchen von den Bremer Stadtmusikanten vorlas. Einen Satz daraus habe ich nie vergessen. Hier ist die Stelle in der Originalsprache der Gebrüder Grimm: »Darauf kamen die drei an einem Hof vorbei, da saß auf dem Thor der Haushahn und schrie aus Leibeskräften. ›Du schreist einem durch Mark und Bein,‹ sprach der Esel, ›was hast du vor?‹ ,Da hab ich gut Wetter prophezeit,' sprach der Hahn, ›weil unserer lieben Frauen Tag ist, aber weil Morgen zum Sonntag Gäste kommen, so hat die Hausfrau doch kein Erbarmen, und hat der Köchin gesagt, sie wollte mich Morgen in der Suppe essen, und da soll ich mir heut Abend den Kopf abschneiden lassen. Nun schrei ich aus vollem Hals, so lang ich noch kann.‹ ›Ei was, du Rothkopf‹, sagte der Esel, ›zieh lieber mit uns fort, wir gehen nach Bremen, etwas besseres als den Tod findest du überall; du hast eine gute Stimme, und wenn wir zusammen musicieren, so muß es eine Art haben.‹ Der Hahn ließ sich den Vorschlag gefallen, und sie gingen alle viere zusammen fort.«

»Etwas Besseres als den Tod findest du überall« – eine klare Botschaft an alle, die grübeln, ob sie ihre Eintrittskarte zurückgeben und sich das Leben nehmen sollen, einer von jenen Sätzen, die man von anderen gesagt bekommen muss.

Wenn ich ihn zu manchen gesagt habe, die zurückfragten: »Wo denn?«, musste ich schon etwas Konkretes auf der Hand haben, um nicht in seichtes Allgemeinplatzgelaber abzugleiten.

Manchmal habe ich dann geantwortet: »Lass uns einen Cappuccino trinken, ich lade dich ein«, und als wir unsere Tassen vor uns stehen hatten, sagte ich: »Schmeiß mal auf den Tisch. Wir sortieren das zusammen.« Diesen Satz hat der Vater meiner lebensklugen Nachbarin Anne zu ihr gesagt, wenn sie als Jugendliche ein Problem hatte, mit dem sie allein nicht klargekommen ist. Beim Sortieren findet man zwar auch nicht immer gleich eine Lösung, doch oft tut es einfach gut, auszusprechen, was einen bedrückt. Und wenn man sich das gemeinsam anschaut und neu sortiert, kann sich oft schon ein ganz anderes Bild ergeben.

2007 spürte ich, dass ich am Abgleiten in eine Depression war, weil ich unter meiner Einsamkeit litt. Ich nahm professionelle, ärztliche Hilfe in Anspruch, nahm Medikamente, die für mich wie ein Gipsverband oder eine Krücke nach einem Beinbruch waren. Darüber hinaus stand mir meine Bekannte Simone Beisiegel bei, die dabei war, ihre Ausbildung zur Heilpraktikerin Psychotherapie zu machen.

Sie hat den Satz aus den Bremer Stadtmusikanten zu mir gesagt, nicht in Worten, sondern im Tun: Ein Vierteljahr lang kam sie jeden Freitagmorgen zu mir, ging mit mir einkaufen, kochte mit mir, nicht gegen Geld, sondern aus Freundschaft.

Manchmal gingen wir auch bei Merxheim die Nahe entlang spazieren, bis zur Gänsmühle. Auf die Art habe ich langsam zurück ins Leben gefunden, und im August habe ich Doro kennengelernt. So habe ich erfahren, dass alles besser ist als der Tod. Was immer wir machen, auch, wenn es nur teilweise gelingt, auch, wenn es gar nicht gelingt, alles ist besser als der Tod.

...

Ich stand auf und ging in mein Zimmer, kippte das Fenster und war nach wenigen Atemzügen eingeschlafen. In dieser Nacht schlief ich tief und fest und wachte am nächsten Morgen eine halbe Stunde vor dem Frühstück ausgeruht auf. So las ich die erste Geschichte des neunten Kapitels noch im Bett.

...

Dankbarkeit für Fortgeschrittene

Bandscheiben und Kumpelinen –
auf Tournee mit Blue Sister

Noch zu DDR-Zeiten, als ich mit Louisiana Red zu Konzerten nach Karl-Marx-Stadt und Weimar fuhr, lernte ich das schöne Ossi-Wort »Kumpeline« kennen, das für »weibliche Kumpels« steht. Ich werde darauf zurückkommen.

Mein Arbeitgeber in Sachen Tourneen war der Kölner Konzertagent Rolf Schubert. 1992 hatte er eine Tournee für den Bluessänger und Mundharmonikaspieler »Lazy Lester« aus Louisiana gebucht, der in den Fünfzigerjahren als junger Musiker einige Hits gehabt hatte. Als Begleitband hatte Schubert das Frauentrio »Blue Sister« engagiert, dessen Mitglieder ebenfalls aus Louisiana kamen: die Gitarristin Patty LaRue Harrison, die Bassistin Jodie Lyn Woodward und die Schlagzeugerin Terry »Sticky T« Ford.

Am 25. Februar, fuhr ich mit dem Zug nach Köln, um den Tourneebus zu übernehmen, mit dem ich nach Kelsterbach ins Hotel fuhr, wo ich übernachtete und am nächsten Morgen um halb sieben Lazy Lester am Frankfurter Flughafen abholte. Um neun landete die Maschine mit den drei Frauen.

Ich brachte alle ins Hotel, wo sie ihren Jetlag ausschliefen. Am Donnerstag ging's zum Auftaktkonzert nach Hannover-Langenhagen. Die weiteren Konzerte waren in Siegen, Osnabrück und Villingen, in Sedan/Frankreich und Roermond/Holland, in Paderborn, Ulm und in Kirchheim/Teck.

Ich war damals 42 und hatte einen schweren Bandscheibenvorfall zwischen dem vierten und fünften Lendenwirbel. In Schonhaltung ging ich wie auf rohen Eiern.

Mein Orthopäde hatte mich mit einem Stützgürtel, Infusionen und Krankengymnastik konservativ behandelt und mir eine Operation empfohlen, für den Fall, dass die Schmerzen stärker würden. Den Tourneebus konnte ich problemlos fahren, aber die Lautsprecherboxen, die Verstärker und das Schlagzeug schleppen – Fehlanzeige. Mein Aktenköfferchen mit den Tourneeunterlagen konnte ich gerade noch tragen, mehr ging beim besten Willen nicht.

Ich komme zurück auf das Wort »Kumpeline«: Wer das Bandfoto der Mädels betrachtet, wird vermutlich nicht gleich an gute Kumpels denken, doch diese drei Frauen gehören zu den besten Kumpels, die ich je hatte. Zum ersten haben sie ihr Equipment klaglos selbst geschleppt. Zum zweiten zitiere ich Friedrich Nietzsche, der schrieb: »Was ist dir das Menschlichste? Jemandem Scham ersparen.« Nie haben die drei mich spüren lassen, dass sie einen Teil meiner Arbeit übernommen hatten, nicht einmal haben sie geknurrt, geknottert oder gegrummelt. Sie waren die personifizierte Bibelstelle »Einer trage des anderen Last«.

Natürlich habe ich mich bei ihnen bedankt, als wir uns am Stuttgarter Flughafen verabschiedeten, doch heute, mehr als ein Vierteljahrhundert später, würde ich ihnen gerne noch einmal danke sagen, nur habe ich bisher keinerlei Spur von ihnen finden können.

Wenn jemand den dreien begegnet, sagen Sie ihnen bitte:
»Wo immer der Wind des Lebens euch hingeweht hat,
was immer ihr heute treibt, ich habe euch nie vergessen.
Ich hoffe, es geht euch gut. Ich danke euch: Danke, Jodie!
Danke, Patty! Danke, Terry!«

...

*Ich duschte und ging zum Frühstück. Die Dame wünschte
mir einen guten Morgen und fragte:*

»Möchten Sie gerne ein Frühstücksei?«

*»Guten Morgen, liebe Frau … gerade fällt mir auf, dass ich
Ihren Namen gar nicht weiß.*

Sie winkte ab: »Was sind schon Namen.«

Ich nickte: »Stimmt, da scheiden sich die Geister. Die einen sind überzeugt: ›Nomen est Omen‹, während die anderen Namen für Schall und Rauch halten.

»Sehen Sie.«

Ich blieb hartnäckig: »Trotzdem wüsste ich gerne, wie Sie heißen.«

Sie lachte: »Sie lassen wohl nicht locker. Allerdings ist mein Name auch kein Geheimnis. Ich heiße Martina Morgenroth.«

»Und mein Name ist …«

»Den brauchen Sie mir nicht zu sagen. Ich kenne doch Ihr Blaues Buch.«

»Ach so«, antwortete ich, und es entstand eine Pause, in der keiner von uns beiden so richtig weiterwusste.

Schließlich räusperte sie sich: »Wie möchten Sie Ihr Ei haben?«

»Wachsweich bitte«, antwortete ich.

Als sie das Ei brachte, saß es unter einem Eierwärmer, der aus Bast geflochten war und die Gestalt eines Fliegenpilzes hatte. Der Eidotter war tiefgelb, und das Ei schmeckte nach freilaufendem Huhn.

Nach dem Frühstück ging ich zur Rezeption und betätigte die Messingglocke. Die Dame erschien mit einem Sonnenhut in der Hand: »Habe ich für Sie besorgt. Sie können ihn jederzeit hier abholen, wenn Sie ihn brauchen.«

»Danke«, sagte ich, »vielleicht heute Nachmittag, jetzt würde ich gerne im Raum der ungeschriebenen Bücher weiterlesen.«

»Ich bringe Sie hin«, antwortete die Dame. Ich folgte ihr in den zweiten Stock. Wieder gingen wir durch einen Flur, der an einer Tür endete. Als die Dame sie öffnete, gelangten wir über eine Hängebrücke zur Eingangstür am Turm. Die Dame öffnete die Tür und hielt sie mir auf.

»Der Raum der ungeschriebenen Bücher«, sagte sie in einem Ton, der an einen hochoffiziellen Empfang bei der Queen erinnerte, der das diplomatische Corps aller Länder vorgestellt wird, mit denen das Königreich England Beziehungen pflegt. Ich trat ein.

Raum und Einrichtung glichen dem Archiv. Auch hier zog sich entlang der Wand ein Kreis von Hängeregister-Schränken mit je zwei Schüben und einer Holzplatte als Abdeckung. Im Unterschied zum Archiv, stand hier aber kein Kreis aus Ordnern am hinteren Rand der Arbeitsplatte, sondern ein Kreis aus Büchern mit blauem Einband: hellblau, azurblau, violettblau und dunkelblau, Bücher unterschiedlicher Formate, dünne Bändchen und kiloschwere Schwarten. Ich griff nach einem und schlug es auf: eine weiße Doppelseite. Ich blätterte und stieß nur auf weiße Seiten. Über den Blauen Büchern erstreckte sich das Fensterrund.

An einer Stelle war der Kreis der Aktenschränke unterbrochen, sodass man unmittelbar an die Wand herantreten konnte. Dort bildeten zwei Flügeltüren ein Quadrat von etwa 80 auf 80 Zentimeter. Daneben trat ein massives Hanfseil aus der Wand, lief über eine Umlenkrolle und verschwand über eine zweite Rolle wieder in der Wand – offenbar ein Lastenaufzug.

Auch in der Mitte dieses Raums stand ein Sessel. Ich setzte mich und schlug das Blaue Buch auf.

...

Danke für die Wertschätzung – vom Was und Wie

Der Barmherzige Samariter steht für Nächstenliebe und gelebte Solidarität. Ich will von seiner kleinen Schwester berichten, der Guten Wertschätzerin.

Nachdem es mir letzte Woche richtig schlecht gegangen war, habe ich diese Woche einen Brief bekommen, der mich aus meinem Tief herausgeholt hat. Wie bei aller Kommunikation, gab es auch bei diesem Brief ein »Was« und ein »Wie«. Das »Was« war sachlicher Art: Die Schreiberin teilte mir mit: »Ihr Antrag auf finanzielle Förderung durch unsere Stiftung ist positiv beschieden und bewilligt worden.« Diese Bewilligung war wichtig für mich und meine Arbeit, und natürlich habe ich mich über diese Antwort gefreut, doch ebenso sehr wie das »Was« hat das »Wie« mich gefreut: Die Schreiberin drückte mit ihrer Wertschätzung meiner Arbeit zugleich auch ihre Wertschätzung meiner Person aus. Das hat mir gutgetan.

Übrigens ist das auch wissenschaftlich belegt: Der Medizinsoziologe Dr. Johannes Siegrist hat in Studien nachgewiesen, dass mangelnde Wertschätzung uns auf Dauer krank macht. Wenn also Menschen wertschätzend mit anderen Menschen umgehen, sind sie Medizin, sind Balsam für die Seele. Diesen Balsam spenden nicht viele. Obwohl wir Wertschätzung mögen, wenn wir sie bekommen, gehen wir anderen gegenüber eher sparsam damit um. Weil wir nicht wollen? Weil wir nicht können?

Bei einer Hochzeit hat mich ein Wunsch des Hochzeitssegens besonders angesprochen: *»Gott segne euer Herz, dass es Wärme schenken und bergen kann.«* *»Wärme zu schenken«* – das kannte ich, *»Wärme bergen«* war mir neu, doch ist es so wichtig*, weil unser Herz sonst* ein Fass ohne Boden ist: Was hineinfließt, läuft ebenso schnell wieder heraus, wenn das Herz es nicht bergen kann. Wer die Fähigkeit besitzt, Wärme zu bergen, kann mit einem Wort, einem Blick, einem Lächeln aus diesem Fundus schöpfen, kann Wertschätzung speichern und sie weitergeben und verschenken.

Meine Schreiberin ist so ein Mensch. Wie froh bin ich, dass es sie gibt! Schön, dass wir uns ab und zu begegnen, sei es auf einem Handwerker- und Bauernmarkt oder bei der Sobernheimer Runde. Ich habe ihr den Titel »Gute Wertschätzerin« verliehen, kurz G. W., weshalb ich sagen kann: »Danke, G. W.« – und wie es der Zufall so will, sind dies auch ihre Initialen. Daher bedeutet »danke, G. W.« auch »Danke, Gudrun Wiest!«

...

Und ich? Wie war das mit mir? Verhielt ich mich wertschätzend gegenüber den Menschen meiner Umgebung? Eigentlich schon, hatte ich immer gedacht, doch zugegeben, ich war in dieser Frage nicht ganz neutral. Sollten andere sie beantworten. Ich wandte mich der nächsten Geschichte zu.

...

Das Federweißer-Schild – Dankbarkeit für Fortgeschrittene

Im Herbst springt mir neben der Tankstelle ein Schild ins Auge, auf dem steht: »Fedi ist restlos getrunken. Vielen Dank für Ihre Mithilfe! Weingut Schneider«.

Wenn Sie das Wort nicht kennen: »Fedi« ist die Abkürzung für »Federweißer« – so wird bei uns der junge, noch milchig-trübe Wein kurz nach dem Keltern, genannt, ein süffig-süßer Saft, der traditionell zu Zwiebelkuchen oder Spanferkel getrunken wird oder einfach, weil er gut schmeckt. Manche schwören auf seine blutreinigende Wirkung und machen im Herbst eine Federweißer-Kur. »Federweißer putzt«, weiß man bei uns. Die Hefekulturen reinigen den Darm oft schneller als man denken, geschweige denn rennen kann.

Das Schild bringt mich zum Schmunzeln. Typisch Karl-Heinz Schneider. Welch edler Zug von ihm, seinen Kunden für ihre Mithilfe zu danken. Hätten sie nicht so viele, edle Züge aus ihren Gläsern getan, wäre am Ende etwas übrig geblieben, doch so konnte der Federweiße seiner Bestimmung zugeführt werden. Restlos. Als Kunde hilft man dem Winzer seines Vertrauens doch gerne, hilft, wo man kann, aber wie oft wird es einem nicht gedankt –

und deshalb: Hut ab vor Karl-Heinz Schneiders Danke-Schild.

Dankbarkeit ist die wichtigste Voraussetzung, um glücklich zu sein. Der englische Philosoph Francis Bacon wusste schon im 17. Jahrhundert: »*Nicht die Glücklichen sind dankbar. Es sind die Dankbaren, die glücklich sind.*«

Im Refrain meines Blues »Danke« singe ich:

> »Ich sag' dir danke,
> für jeden einzelnen Tag mit dir,
> wie reich und tief du mich beschenkst,
> ich dank' dir so dafür.«

Die zweite und dritte Strophe lauten:

> »Manches Mal war's finster
> und manchmal bitter kalt,
> manchmal haben wir uns verirrt
> im dichten Nebelwald.

> Mal schmeckt sie süß, mal schmeckt sie bitter,
> die Lebensmedizin,
> man muss sie immer neu versuchen,
> kann's nie im Voraus sehn.«

Die Worte bringen auf den Punkt, was mir im Lauf der Jahre immer klarer geworden ist: wie reich beschenkt ich dadurch bin, dass ich 1972 die Tournee des American Folk Blues Festivals mitfahren konnte und so Künstlern hautnah begegnet bin, die ich zuvor nur von ihren Schallplatten-Aufnahmen her kannte und schätzte. Das Lebensmodell, das sie mir vorlebten, ihre Art zu sein, waren Vorbild für mein Lebensmodell: So wollte auch ich leben, so wollte ich sein.

Nun ist es keine Frage, dass wir denen dankbar sind, die uns unterstützen und fördern und mit denen wir Wege im Hellen gehen – das ist Dankbarkeit für Anfänger. Doch dann sind da ja auch noch die Wege, die wir bei Wind und Wetter, in Nacht und Nebel gehen müssen, Wege, bei denen kleine Lichter unsere Vorgesetzten sind, die sich groß zu machen versuchen, indem sie andere kleinhalten und niedermachen. Ihnen gegenüber empfinden wir alles andere als Dankbarkeit, bis wir merken: Am Widerstand, den wir ihnen leisten, brauchen wir nicht zu zerbrechen, wir können an ihm wachsen. Wenn wir das erkennen, wird es möglich, auch ihnen dankbar zu sein – das ist Dankbarkeit für Fortgeschrittene. Sie kann nicht per Willensentscheidung herbeigeführt werden, sondern muss wachsen. Zweierlei ist dabei hilfreich: Nachzudenken und ganz bewusst Dankbarkeit für Anfänger einzuüben. Irgendwann wird die Dankbarkeit für Fortgeschritte ihr auf dem Fuß folgen.

…

Stimmte das? Vor einiger Zeit hatte ich Dankbarkeit einem früheren Vorgesetzten gegenüber empfunden, der mich jahrelang klein gehalten und gedeckelt hatte. Bei einem anderen, mit dem ich aktuell zu tun habe, ist mir das noch nicht gelungen. So arrogant und abweisend, wie er sich mir gegenüber verhält, habe ich noch nicht den Dreh gefunden, mir an dieser harten Nuss nicht die Zähne auszubeißen. Na ja, Kaumuskeln wie eine Hyäne habe ich jedenfalls auf die Art bekommen. Auch nicht zu verachten.

Wie anders war doch der Mann, dessen Namen ich im Titel der nächsten Geschichte las.

...

Günter Brambier – ich war sein Chef und Schüler

Günter Brambier war Werkstattleiter im Büromaschinenbetrieb meines Vaters, und er war soviel mehr als das: Er war ein Philosoph mit Tiefgang und Humor, war mein Lehrer und Mentor, und er war mein Freund.

Nach dem Tod meines Vaters im Februar 1979 führten meine Mutter und ich Vaters Firma eineinhalb Jahre lang gemeinsam. Als Mutter ihrem Mann im September 1980 nachfolgte, führte ich den Betrieb ein weiteres Jahr lang allein weiter.

Dieses Jahr war das härteste in meinem Leben. Vom Kaufmännischen hatte ich wenig bis keine Ahnung, die Mitarbeiter zu führen, die mich teilweise schon als Kind gekannt hatten, war schwierig bis unmöglich. Und das Schmerzlichste war, dass ich den Tod meiner Mutter nicht hatte verhindern können, die in dem Jahr nach dem Tod ihres Mannes von der Trauer in eine Depression geglitten war.

Ich hatte unseren Hausarzt beschworen: «Bitte unterstützen Sie mich und wirken Sie mit mir auf die Mutter ein, dass sie professionelle, therapeutische Hilfe in Anspruch nehmen soll.»

Er meinte: «Das kriegen wir auch so hin» – und verschrieb ihr Valium.

Das Valium und wir haben es nicht hingekriegt. Meine Mutter wollte heim zu ihrem Mann und hat sich nicht aufhalten lassen. Morgens fand ich sie tot in ihrem Bett liegen.

Hätte ich nicht Menschen wie Günter Brambier an meiner Seite gehabt, die mich stützten, ich weiß nicht, wie ich diese Zeit durchstanden hätte.

Es gibt ein Foto vom Herbst 1980, auf dem davon nichts zu sehen ist und zu dem mir die Blueszeile einfällt: «I'm laughing to keep from crying. – Ich lache, um nicht zu weinen.«

Wie Günter Brambier mir geholfen hat, kann ich gar nicht sagen. Vielleicht hat schon das Wissen gereicht, dass es ihn gab, dass er da war und ich ihn jederzeit um Rat hätte angehen können. Vielleicht haben mich seine Wortspielereien aufgeheitert und abgelenkt von meinem Elend, seine «Späßchen«, wie er es nannte. Was er mir war, ist mir erst später bewusst geworden.

Gern würde ich ihm heute danken, der 1996 mit nur 64 Jahren gestorben ist, doch dann wurde mir klar: Ich danke ihm schon länger dadurch, dass ich versuche, anderen zu geben, was er mir gab, anderen zu sein, was er mir war. Ich danke ihm dadurch, dass ich versuche, Menschen zu begleiten, die durch die dunkle Nacht der Seele gehen, ihnen zuzuhören, ihnen Mut zu machen: mit einem Blues, einer Geschichte, sie aufzuheitern mit heilendem Humor.

Günter Brambier hat den Weg gewiesen, nicht durch Schulwissen und Buchweisheit, sondern dadurch, dass er war, wie er war. Ja, so ist es: Ich war sein Chef und Schüler.

…

Als ein Sonnenstrahl auf das Blaue Buch fiel, klappte ich es zu. Ich hatte unbändige Lust auf Hühnersuppe, nichts anderes sollte es sein. Darüber fiel mir das Buch »Hühnersuppe für die Seele« ein, ein weltweiter Bestseller Ende des 20. Jahrhundert, dem eine Armada von Hühner-Seelen-Sellern gefolgt war, ja dieses Buch war zum Grundstein eines stattlichen Seelen-Suppen-Konzerns geworden. Gab es da einen Zusammenhang? Lechzte meine Seele nach dem Erfolg dieses Buches? Oder lechzten die Geschmacksknospen meiner Zunge ganz prosaisch nach realer Hühnerbrühe? Ich ging zum Telefon und drückte die Restaurant-Taste.

Die Dame meldete sich: »Ja, bitte?«

»Ich mache mich jetzt auf den Weg zur Dachterrasse. Können Sie mir bitte eine Tasse klare Hühnerbrühe dorthin bringen?«

»Aber klar doch! Klare Brühe für klaren Verstand«, antwortete sie. Durchs Telefon hörte ich, ja ich konnte förmlich sehen, wie sie sich über ihr Wortspiel amüsierte.

Ich stieg die Stufen zur zweiten Etage hoch und betrat die Dachterrasse. Drei Liegestühle mit Nackenrollen und Decken erinnerten an ein Schiffsdeck. Gerade als ich es mir auf der mittleren Liege bequem gemacht hatte, erschien die

Dame mit der Hühnerbrühe und stellte die Terrine auf das Beistelltischchen neben meinem Liegestuhl. Ich dankte ihr. Weil ich die Brühe erst noch etwas abkühlen lassen wollte, begann ich, die nächste Geschichte zu lesen.

...

Ein Baum voll Glück

Kleine, große Jolina – und die Haarspende

Vor einiger Zeit las ich in der Zeitung eine Meldung, die mich neugierig machte: »Schülerin Jolina spendet ihre Haare für ein krankes Kind«. Darüber wollte ich mehr wissen. Ich fragte eine Bekannte in dem Ort: »Kennst du eine Familie mit einem Kind namens ›Jolina‹, das seine Haare gespendet hat?« Meine Bekannte lachte: »Hier kennt jeder jeden. Das können nur die Weidmanns sein.« Sie suchte im Örtlichen die Telefonnummer heraus und gab sie mir. Ich rief an, und wir machten den Termin für ein Treffen aus.

An einem Samstagnachmittag klingele ich an der Tür, Thorsten Weidmann öffnet. Der Rest der Familie ist um den Esstisch herum versammelt: Mutter Christina, Jolina und ihr Schwesterchen Emilia. Bei Kaffee und Erdbeerkuchen erzählt Jolina die Geschichte ihrer Haarspende:

»Vor einem Jahr war ich noch sieben und habe mit der Mutti im Fernsehen eine Reportage gesehen, die mir nicht mehr aus dem Kopf gegangen ist. Immer habe ich an die Kinder denken müssen, die dort gezeigt wurden. Sie hatten eine Krankheit, bei der ihnen die Haare ausgefallen sind,

nicht alle, aber an ein paar runden Stellen. Das Schlimme war, dass die Haare dort nie mehr nachwachsen würden. Die Kinder haben zerrupft ausgesehen und sich geschämt.

Als nächstes wurden Menschen gezeigt, die ihre langen Haare abgeschnitten und gespendet hatten, damit daraus Perücken für die Kinder gemacht werden konnten. Ich dachte: Wenn ich lange Haare hätte, würde ich sie auch abschneiden und spenden. Aber meine Haare waren kurz, höchstens 10 Zentimeter lang. Dann ist mir eingefallen: Ich könnte sie ja wachsen lassen, und wenn sie lang genug sind, spende ich sie. Mir taten die Kinder ohne Haare leid.«

Papa Thorsten ergänzt: »Die Krankheit heißt ›Allopecia Areata‹, auf Deutsch ›kreisrunder Haarausfall‹, und allein in Deutschland leiden 400.000 Kinder an ihr.«

Jolinas Mutter bietet mir ein Stück Kuchen an. »Aber bitte mit Sahne«, antworte ich. Alle lachen, und nachdem ich den Kuchen auf meinem Teller habe, meint Christina:

»Thorsten und ich waren baff, als wir hörten, was Jolina vorhatte. Thorsten hat im Internet recherchiert und herausgefunden, dass eine Länge von 25 Zentimetern Voraussetzung für eine Haarspende ist.«

Thorsten sagt: »Ab da hieß es: abwarten und Tee trinken und nachmessen, immer wieder nachmessen. Wir alle mussten lernen, geduldig zu sein.«

Jolina übernimmt wieder das Wort, schließlich ist es ja ihre Geschichte: »Über ein Jahr lang hat der Papa immer wieder gemessen, bis es im Sommer endlich soweit war und wir uns alle auf den Weg zum Friseursalon von Elfie Süß gemacht haben. Dort wurde nochmal nachgemessen. Meine Haare waren sogar ein bisschen länger als 30 Zentimeter.

Die Friseurin Sabrina Glockner hat die Haare in drei gleiche Zöpfe geteilt, um jeden zwei Gummis gespannt – und dann hieß es … « Angelina schaut ihr Schwesterchen an. Wie hieß es dann?«

Froh, endlich auch einmal etwas sagen zu können, antwortet Emilia: »Dann hieß es: Schnipp, schnipp, schnapp, schon sind die Zöpfe ab!«

Thorsten erinnert sich: »Als ich mein Portemonnaie zückte, um zu zahlen, hat die Chefin, Frau Süß, gemeint: ›Das stecken Sie mal schön wieder weg. Was Jolina mit ihren acht Jahren tut, imponiert mir so, dass ich gerne die Friseurkosten übernehme.‹«

Jolina lacht: »Und ich hab' gedacht: Wie gut, dass die Mutti mit ihrem Handy Fotos gemacht hat, wie ich vorher ausgesehen habe, wie die Haare abgeschnitten wurden und hinterher.

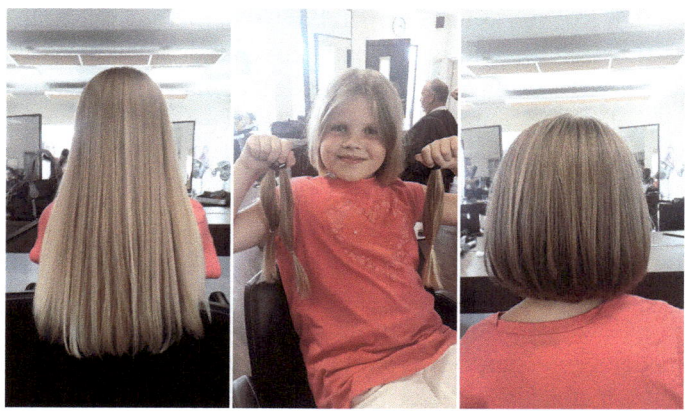

Zuhause haben wir die Zöpfe dann richtig gut eingepackt und in die Fabrik geschickt, wo es vier Monate gedauert hat, bis die Perücke für ein krankes Kind fertig geflochten war und das Kind die Perücke geschenkt bekam.«

Als Jolinas Mutter mir ein weiteres Stück Kuchen anbietet, lehne ich dankend ab. Ich wende mich Jolina zu: »Stell' dir mal vor, eine Wunschfee steht vor dir und sagt: ›Jolina, einen Wunsch hast du frei, was immer es sei. Was wünschst du dir?‹«

Jolina muss nicht lange überlegen: »Ich würde zu der Fee sagen, dass ich gern wüsste, wie die Perücke geworden ist und wie das Kind ausschaut, wenn es sie auf hat.« Nach einem Moment ergänzt sie: »Ich glaube, ich würde noch fragen, ob ich die Perücke auch mal aufsetzen darf. Das wäre cool.«

…

Wieder fragte ich mich, was ich mir von der Fee wünschen könnte – und wusste immer noch keine Antwort. Die Hühnerbrühe müsste jetzt abgekühlt sein, dachte ich und nahm den ersten Löffel. Prompt verbrannte ich mir die Zunge. Die Fettaugen auf der Brühe isolierten sie so gut, dass ich auch jetzt noch kräftig pusten musste, um sie auf Trinktemperatur abzukühlen. Vielleicht sage ich ja zur Fee: »Bitte mach, dass ich künftig Getränke und Suppen so serviert bekomme, dass ich sie trinken kann.«

Die nächste Geschichte sollte von einem Echo handeln, das lauter als das Rufen wäre. Gibt es das überhaupt? Ich war gespannt.

…

Das Glück – vom Echo, das lauter als das Rufen ist

Die Tage war im Radio die Rede vom Geheimnis des Glücks, und da ist mir eingefallen, wie unser Torsten einmal mittags aus der Schule kam, da war der Junge vielleicht elf, und wie gesagt, so um die Mittagszeit kommt er zur Tür rein, geht schnurstracks auf mich zu und fragt: »Papa, was ist für dich Glück?«

Richtig rührend habe ich das gefunden. »Ach, Junge, du interessierst dich also für mein Glück, das ist aber schön!«

»Nein«, sagte er, es sei nicht wegen mir, es sei für die Schule. Als Hausaufgabe hätten sie aufbekommen, drei Leute zu fragen, was Glück für sie sei, und ich sei halt der Erste, der ihm nach der Schule begegnet wäre.

»Ach so.« Ehrlich gesagt, war ich schon etwas enttäuscht. Ich hatte nämlich gedacht, der Moment sei gekommen, da ein Sohn herantritt an seinen Vater und ihn bittet um Worte der Weisung, um Einweihung in die Geheimnisse des Lebens und so. Ich habe mir natürlich nichts anmerken lassen und sagte nur: »Wenn du drei Leuten diese Frage stellst, wirst du vermutlich drei verschiedene Antworten zu hören bekommen, und wenn du meine Antwort wissen willst: Für mich ist Glück, wenn ich mich abends beim Einschlafen schon aufs Aufstehen am nächsten Morgen freue.«

Torsten hat den Kopf geschüttelt: »Echt? Das ist für dich Glück, Papa? Ich fass' es ja nicht! Bei mir ist es gerade umgekehrt: Ich freue mich, wenn ich weiß, dass ich am nächsten Morgen ausschlafen kann.«

Und dann ist ihm eingefallen, wie er einmal aufgewacht war, weil er geträumt hatte, es sei höchste Zeit aufzustehen, aber als er auf die Uhr geschaut hätte, war es erst halb fünf gewesen. Da hätte er sich ganz genüsslich auf die andere Seite gedreht und noch einmal zwei Stündchen geratzt. Ein wunderbares Gefühl sei das gewesen.

»Siehst du«, sagte ich, »zwei Mann und zwei verschiedene Vorstellungen vom Glück! Aber wenn dich das glücklich macht, dann hätte ich eine Idee.«

»Was denn?«, wollte er wissen.

Ich sagte: »Wart' einfach mal ab und lass dich überraschen.«

Jetzt werde ich im Sommer doch immer schon gegen vier Uhr wach, wenn es hell wird und die Vögel anfangen, ihre Symphonien zu pfeifen. Das ist zwar ganz schön, aber auch ganz schön laut. Na ja, dann mach ich halt das Fenster zu.

Als ich am nächsten Morgen um vier Uhr wach wurde, habe ich erst mal das Fenster zugemacht und bin dann schnurstracks rübergegangen zu Torstens Zimmer, habe die Tür geöffnet, den Kopf hineingestreckt und gerufen:

»Tors-ten, auf-stehn – halb siiie-ben!«

Er hat die Augen aufgemacht und mich angeblinzelt, hat auf die Wanduhr geschaut, hat mich wieder angeschaut, den Kopf geschüttelt – und dann hat er kapiert: »Hey, ich kann noch zweieinhalb Stunden schlafen! Danke Papa, vielen Dank!«

Von da an haben wir dies Spielchen öfter gespielt und immer weiter verfeinert und ausgebaut, zum Beispiel mit der Samstags-Variante: Da wecke ich Torsten zwar um die richtige Uhrzeit, um halb sieben nämlich, aber am verkehrten Tag, weil samstags doch gar keine Schule ist.

Oft ist es so einfach, jemand glücklich zu machen, und wenn es gelingt, kehrt es als Echo zu uns zurück! Manchmal ist das Echo sogar lauter, als wir gerufen haben. Und vielleicht ist das ja das Geheimnis des Glücks.

…

Das sollte das Geheimnis des Glücks sein? Ist das wirklich so einfach? Ich schlürfte den nächsten Schluck Hühnersuppe. Jetzt stimmte die Temperatur. Während ich jeden Schluck der wohltemperierten Brühe genoss, der durch meine Kehle strömte, dachte ich: Auch das ist Glück, eines der vielen, kleinen Glücks, aus denen das große gemacht ist, wie meine Freunde Irmhild und Ottwilm meinen.

Als ich ins Blaue Buch schaute, sah ich: Auch die nächste Geschichte hatte das Glück zum Thema.

…

Ein Baum voll Glück – Geschichten als Medizin

Ein Nachmittag im April. Mir geht es nicht gut. Außen Aprilwetter, in mir Aprilstimmung. Wolken am Himmel, Wolken in der Seele. Grübeln würde zu einem Wolkenbruch führen, und ich mittendrin. Platschnass käme ich nach Hause.

Mein Gegenmittel: Die Wolken links liegen lassen und die Gedanken auf etwas anderes richten. Raus an die Luft und beim Radfahren neue Texte für meine Auftritte lernen. Durch die Bewegung gelangt soviel Sauerstoff in mein Gehirn, dass ich sogar das Telefonbuch von Köln auswendig lernen könnte, doch wer will schon das Telefonbuch von Köln hören!

Meine Lieblingsstrecke ist der Fahrradweg an der Nahe entlang, von Sobernheim bis zum Booser Wehr. Dort setze ich mich auf die Erde, lasse mich nieder, um die Schönheit um mich herum wahrzunehmen, sie in mich aufzunehmen. Als ich an den Himmel schaue, leuchtet er so strahlend blau, dass ich denke: Wie schön das ist! Die Natur, dieser Tag, mein Leben – das ist das Glück!

Mein Freund Felix fällt mir ein. Schon Monate im Tief einer Depression gefangen, hat er den Sinn verloren, weiß nicht mehr, wo er hingehört und was alles soll. Ich überlege, ob es ihm helfen könnte, mit mir hierherzukommen.

Auf dem Heimweg durch den Freizeitpark, höre ich an der Boulebahn Kinder schnattern und sehe drei Mädchen

in einem Baum sitzen. Ich denke: Wenn Felix doch bei mir wäre und diesen »Baum voll Glück« sehen könnte! Ich sollte ein Foto für ihn aufnehmen.

Ich steige vom Rad, stelle mich den Kindern vor, sage, dass ich Geschichten schreibe und frage sie, ob ich sie fotografieren darf. Sie lachen und sagen ja. So lerne ich die drei kennen: Leonie (10), Vanessa (9) und ihre Zwillingsschwester Alyssa. In so frohe und helle Gesichter zu schauen, das ist das Glück!

Daheim schreibe ich die Geschichte auf und bringe sie meinem traurigen Felix. Ob sie ihm helfen wird? Abwarten und Tee trinken. Jede Medizin braucht ihre Zeit, um zu wirken, und bei Geschichten ist das nicht anders.

…

Ich trank den letzten Rest Brühe aus der Schale. Das hatte gut getan. Mit dem Handrücken wischte ich das Fett von den Lippen und massierte es in meine Hände ein. Wussten Sie, dass Hühnerfett eine der besten pflegenden Substanzen für die Haut ist? Sollte das Blaue Buch halt ein paar Fettflecken bekommen. Sei's drum, es gab Schlimmeres. Her mit der nächsten Geschichte!

…

Louisiana Red's Trinkgeld – von Hunden, Herren und Roadies

Achtzehn Jahre lang habe ich als Tourneebegleiter gearbeitet, auch »Roadmanager« oder »Roadie« genannt. 1986 war ich zehn Wochen lang mit dem Bluesmusiker Louisiana Red auf Tournee, von Ende Februar bis Anfang Mai.

Zehn Wochen lang auf Tour heißt 70 mal miteinander frühstücken, 70 mal die Koffer packen, das Auto laden, ein paar hundert Kilometer über Autobahn und Landstraßen brettern, ins Hotel einchecken, die Koffer auspacken, nachmittags zum Soundcheck in die Halle oder den Club, zurück ins Hotel, umziehen, essen, in die Halle zum Auftritt, in der Pause und nach dem Konzert CDs verkaufen und vom Veranstalter die Gage kassieren, heim ins Hotel und noch irgendwas im Fernsehen anschauen, bis der Adrenalinspiegel soweit gesunken ist, dass man schlafen kann. Am nächsten Morgen geht es weiter, in eine andere Stadt, zu anderem Publikum, anderen Veranstaltern – neue Liebe, neues Glück.

Ich hatte mal gelesen: Mancher Hund weiß mehr von seinem Herrn als der Herr von seiner Frau. Das trifft auch für Menschen auf Tournee zu: Im Verlauf einer zehnwöchigen Tour lernen sich Musiker und Roadmanager oft besser kennen als manche Paare in ihrer gesamten Ehe. Zehn Wochen lang so intensiv zusammen, kann man sich tierisch auf die Nerven gehen. Meist sind es Kleinigkeiten, Eigenheiten, die berühmten, kleinen Schwächen, doch wenn man es schafft, mit ihnen klarzukommen, vertieft das die Freundschaft ungemein, und der Ärger über die Macken des anderen weicht mit der Zeit einer Art heiterer Gelassenheit: Man lernt zu schätzen, was man aneinander hat.

Irgendwann während dieser zehn Wochen sagte Red zu mir: »Die Tour ist hart. Wenn sie rum ist, wirst du ein richtig fettes Trinkgeld von mir bekommen.« Ich dachte: Mal gespannt, was er damit meint.

Als wir nach dem letzten Auftritt ins Hotel zurückkamen, sagte Red: »Heute ist unser letzter Abend. Lass uns feiern, die Bar ist noch offen.«

Wir gingen also in die Bar, bestellten etwas zu trinken und ließen die Tournee Revue passieren. Einige Getränke später sagte Red: »Ich hatte dir ja was versprochen.« Er zog seinen linken Schuh, Größe 48, aus, machte sich an der Einlegesohle zu schaffen und holte etwas darunter hervor, was, das konnte ich nicht erkennen, mit seinen großen Händen hielt Red es sorgsam bedeckt.

Er sagte: »Das war eine schöne Tournee, ich danke dir«, und streckte mir die Hand hin. Ich gab ihm meine und spürte etwas in der Handfläche. Als Red meine Hand losließ, sah ich darin einen zusammengefalteten Geldschein. Ich faltete ihn auseinander. Es war ein Tausendmarkschein.

Wenn Red und ich später auf diese Tour zu sprechen kamen, sagten wir: »Der Schein war der Beweis dafür, dass

Geld nicht stinkt« und lachten wie Schuljungen über einen gelungenen Streich – ein Vergleich, der gar nicht so abwegig war, denn wenn Reds extrem sparsame Ehefrau Dora jemals erfahren hätte, dass ihr Mann mir eintausend D-Mark Trinkgeld gegeben hatte, wäre der Teufel los gewesen! Weil Red das natürlich auch wusste, hat er das Geld von seiner Gage abgezweigt, nach und nach, immer mal wieder was, hat es an den Rezeptionen der Hotels gewechselt und unter der Einlegesohle seines Schuhs versteckt, im wahrsten Sinn des Wortes ein altbewährter Tresor u n t e r Bluesmusikern.

…

Louisiana Red. Ein halbes Leben war es her, dass wir einander begegnet und Freunde geworden waren. Von keinem anderen Musiker hatte ich mehr Auftritte erlebt, keinen besser kennengelernt als ihn. Eine Fülle von Bildern stieg in mir hoch.

Natürlich hatte ich mich riesig über den Tausender gefreut, den Red mir als Trinkgeld gegeben hatte, doch die Freude über so ein fettes Geschenk war nur ein Teil des Glücks, das ich empfand, mit Red unterwegs zu sein. Das ganze Glück war größer, die Freude weiter, weil sie auch das mit einschlossen, was man bei uns »Ujum« nennt: die Härten, die Durststrecken, die zum Leben »on the road«, ja zum Leben überhaupt, gehören. Auch wenn wir uns über einander ärgerten, stellte das nicht das Glück in Frage, miteinander unterwegs zu sein. Ohne dies jemals ausgeprochen zu haben, empfanden wir voneinander: Schön, dass du da bist, und bist wie du bist. Schön, mit dir unterwegs zu sein.

Ich stand von der Liege auf, faltete die Decke zusammen, stieg die Stufen in den ersten Stock hinab, ging zum Speisesaal und setzte mich an meinen Platz. Heute bestand das Menü aus einer Süßkartoffelcremesuppe mit gerösteten Mandeln und einem Elsässer Flammkuchen mit einem großen Teller Feldsalat, der mit Ziegenkäse-Würfeln und Croutons garniert war. Zum Nachtisch Crème brulée. Vorzüglich! Danach gönnte ich mir ein ausgiebiges Mittagsschläfchen.

Gegen halb vier wurde ich wach und zelebrierte meinen Cappuccino im Speisesaal. Wo ich mich zum Lesen hinsetzen würde, war klar: Es gab ja nur noch einen Raum, den ich nicht kannte. Ich ging zur Hotelrezeption und betätigte die Klingel.

Als die Dame erschien, sagte ich: »Können Sie mich bitte zum Musikzimmer bringen?«

»Aber sicher.«

Ich folgte ihr in den ersten Stock bis zu der Tür, die über eine feste Brücke zum Turm führte. Sie öffnete die Tür am Ende der Brücke und ließ mich eintreten: »Das Musikzimmer.«

Der Anblick, der sich mir bot, war überwältigend. Vor dem Kreisrund der Fenster standen Instrumente aller Art, angefangen mit Gitarren: Klassische Gitarren, Folk-Gitarren, 6-Saiter, 12-Saiter, Jazz-Gitarren, halbakustische Gitarren, E-Gitarren, Banjos und Ukulelen.

Dann sah ich mir die beiden Mundharmonika-Vitrinen an: Bluesharps in allen Tonarten, Chromatische Mundharmonikas in silber, gold und mattschwarz, Bassmundharmonikas und Akkordmundharmonikas, sogar eine Harmonetta war darunter.

Es folgte die Abteilung mit den Geigen, Bratschen, Celli, Kontrabässen und Harfen. Dann die Saxophon-Abteilung mit Instrumenten in allen Stimmlagen: Tenor-, Alt-, Sopran- und Baritonsaxophone. Schließlich folgte die Abteilung mit den Blechblasinstrumenten: Trompeten, Zugposaunen, Ventilposaunen, Waldhörner, Sousaphone. Und schließlich die Schlagwerk-Abteilung: von Basstrommeln über Snare-Drums, Hi-Hats, Zimbeln und Becken in allen Größen und Formen, bis hin zu einem zentnerschweren tibetischen Tempelgong.

Im Innenraum rahmten ein Schreibtisch und ein Flügel den obligatorischen Sessel ein. Diese Anordnung hatte ich irgendwo schon einmal gesehen, aber wo? Ich musste eine Weile überlegen, bis es mir einfiel: Das Arbeitszimmer des französischen Politikers Robert Schuman in Scy-Chazelles bei Metz war ebenso eingerichtet.

Die Dame verabschiedete sich mit einem Kopfnicken und schloss die Tür hinter sich. Ich setzte mich in den Sessel und begann zu lesen.

...

Mr. Spocks Vermächtnis

Lina – ein Lächeln

Manchmal gehe ich an ihr Grab. »Lina Geib 1915 – 1997« steht auf dem roten Stein. Dann lächle ich. Dieses Lächeln ist mir von ihr geblieben.

Auf dem Friedhof hatte ich sie auch kennengelernt. Ich saß auf der Bank bei den Tannen in der Abendsonne. Sie füllte ihre Gießkanne an der Zapfstelle neben mir. Ich nickte ihr zu. Sie kam viele Male, um neues Wasser zu holen. Wir sahen uns an.

»Wie schön die Abendsonne ist!«, sagte sie.

Ich nickte: »Sie holen viel Wasser.«

Sie lächelte: »Ich kenne so viele hier. Und wenn ich schon mal da bin … «

Von nun an blieben wir stehen, wenn wir uns begegneten und sprachen miteinander, nie viel, nie Weltbewegendes, doch wenn ich weiterging, nahm ich ein Lächeln von ihr mit.

Einmal habe ich sie zu Hause besucht, an ihrem Geburtstag, dem 1. April. Sie hatte mich eingeladen: »Kommen Sie doch auf ein Stück Kuchen. Ich würde mich freuen«.

Mir ist in Erinnerung geblieben, wie sie Kaffee brühte: Sie nahm den Pfeifkessel vom Kohleherd, wärmte die weiße Steingutkanne vor und überbrühte den Kaffee in einem Melitta-Filter, auch aus Steingut. Wir tranken aus Tassen mit Zwiebelmuster.

Als ich sie wieder besuchen wollte, stand ihr Name nicht mehr neben dem Klingelknopf. Ich rief ihren Neffen an. Tante Lina sei ernsthaft krank gewesen. Die Ärzte sagten, sie brauche weiterhin intensive Pflege und könne nicht mehr allein wohnen. Da habe er ihre Wohnung aufgelöst und für sie einen Platz in der Seniorenresidenz gefunden.

»Gut, dass Sie kommen! Ich habe an Sie gedacht.« sagte sie, als ich sie besuchte. Sie wusste, dass ihr Krebs gestreut hatte. Von ihren Sachen waren ihr fünf gerahmte Fotos und ihr Fernseher geblieben. »Ich habe hier alles, was ich brauche, außer meinem Adressbuch. Bei der Wohnungsauflösung ist es weggekommen. Es fehlt mir.«

Als ich sie wieder besuchte, hatte ich eine Chinakladde für sie besorgt. »Für Ihre Adressen«, sagte ich. Sie nahm die Kladde in beide Hände und öffnete sie: »Ein weißes Buch ist wie ein neuer Tag, und im alten waren eh die meisten Adressen durchgestrichen, weil die Leute umgezogen oder gestorben sind. Ich danke Ihnen.«

Später, als ich gehen wollte, sagte sie, sie habe auch etwas für mich. Sie stützte sich auf ihre Krücke, ging zum Kühlschrank und überreichte mir ein Pikkolo-Fläschchen Sekt, Marke Nohfels. »Für einen besonderen Anlass!«

Sie bekam Morphium in immer stärkeren Dosen gegen ihre Schmerzen, doch niemals habe ich sie mutlos erlebt. Wenn ich von ihr wegging, fühlte ich mich jedes Mal reich beschenkt. »Wie machen Sie das?«, fragte ich. Ihr Blick ging zu dem Holzkreuz an der Wand am Fußende Ihres Bettes.

»Sie brauchen einen inneren Halt. Ohne Halt schafft das keiner.«

Einmal sagte sie, sie wüsste gerne, wie meine Lieder klängen. So machte ich mit der Leiterin der Seniorenresidenz einen Konzerttermin aus. Lina Geib saß in der ersten Reihe. Am besten gefiel ihr mein Mundharmonika-Solo »Easy«, ein langsamer Blues. An dem Tag habe ich sie zum letzten Mal gesehen. Als ich aus dem Urlaub zurückkam, erfuhr ich, dass sie gestorben und in der Vorwoche beerdigt worden war.

In meinem Keller stehen noch drei Pikkolo-Fläschchen Sekt, Marke Nohfels – für einen besonderen Anlass, und auf meinem Schreibtisch liegt noch der Kalender, den sie mir zu Weihnachten geschenkt hatte, »1997 – ein Jahr der Hoffnung«.

Manchmal gehe ich an ihr Grab. Dann lächle ich.

...

Mehr als zwei Jahrzehnte sind seit Lina Geibs Tod vergangen, und ihr Grab ist lang schon eingeebnet, doch wenn ich über den Friedhof gehe, bleibe ich an der Rasenstelle stehen, wo ihr Grab einmal war und schaue auf den Grabstein, ein paar Schritte nur entfernt, in den die Worte eingemeißelt sind: »Die Liebe höret nimmer auf«.

Welch ein Unterschied zu den ersten Geschichten in diesem Buch, die ich für Déjà-vus oder Träume gehalten hatte. Im Verlauf des Buches waren meine Erinnerungen immer lebendiger geworden. Auch bei der nächsten Geschichte war das gleich schon nach den ersten Sätzen so.

...

Von einem Freund fürs Leben – und vom Sterben

Zehn Jahre lang fuhr ich als Tourneebegleiter in jedem Herbst den Bus mit den Gastsolisten der Frankfurter Barrelhouse Jazz-Band. Zwei Wochen lang kutschierte ich fünf Musiker quer durch Deutschland, während die Mitglieder der Barrelhouse-Band vom einem Roadie-Kollegen in ihrem eigenen Bus gefahren wurden. Mein Chef, der Konzertagent Dieter Nentwig, der die Konzerte moderierte, fuhr die Tournee in meinem Bus mit. Nie zuvor oder danach hatte ich einen besseren Chef als ihn.

2002 war der amerikanische Klarinettist Dan Levinson einer der Gastsolisten. Nach seinem Auftritt in Hannover fiel mir in der Garderobe an seinem Hals eine lange Narbe auf, und ich fragte ihn danach.

Er sah mich an: »Die Narbe ist das Relikt einer Schilddrüsenkrebs-Operation. Der Krebs ist frühzeitig entdeckt worden und konnte vollkommen entfernt werden. Gott sei Dank hatte er noch nicht gestreut. Die Narbe ist mein ›Erinnerungs-Marker‹: Bei jedem Blick in den Spiegel erinnert sie mich daran, wie kostbar das Leben ist und wie schnell es vorbei sein kann.«

Das berührte mich. Nachdem wir einander gerade erst begegnet waren, vertraute mir da einer etwas so Persönliches, so Intimes, an. Am nächsten Morgen schenkte mir Dan seine CD »Where The Morning Glories Glow«, auf der er und andere Musikerkollegen die Songs ihres Mentors Rosy McHargue spielten, der von 1902 bis 1999 gelebt hatte.

»Ist ›Rosy‹ bei euch auch ein Männername?«, frage ich.

Dan lacht: »Nein, ›Rosy‹ ist entschieden kein Männername. Zu ihm ist ›Eugene‹, wie er eigentlich hieß, in den frühen 20er-Jahren gekommen, als er in seiner Heimatstadt

Danville, Illionois zusammen mit anderen örtlichen Musikern in der Formation ›The Novelty Syncopators‹ spielte und sang. Einer seiner Songs war ›When Rosie Ricoola Do the Hoola Ma Boola‹.« Von da an hatte er den Namen ›Rosy‹ weg und ist ihn nie wieder losgeworden.«

Dan schreibt im Booklet der CD über die letzten Begegnungen mit seinem Mentor: »Als Rosy in seinen letzten Lebenstagen klar war, dass er sterben würde und er Besuch von einer guten Freundin bekam, flüsterte er ihr beim Abschied zu: ›Mit dem Sterben, das hab' ich doch noch nie gemacht, und ich möchte es gerne richtig machen.«

Durch diese Worte sind mir zwei Menschen nahe gekommen: Rosy McHargue, der sie gesprochen und Dan Levinson, der sie aufgeschrieben hat. Diesem Rosy McHargue wäre auch ich gerne begegnet, und wenn ich es mir recht überlege, b i n ich ihm begegnet: in Dan Levinsons Worten.

Als Widmung schrieb Dan mir in seine CD: »I hope we stay friends forever. Ich hoffe, wir bleiben für immer Freunde.«

Seitdem haben wir uns nicht wiedergesehen, sind aber dadurch in Verbindung geblieben, dass einer den anderen in seinen E-Mail-Verteiler aufgenommen hat und so dessen Newsletter mit den Auftrittsdaten bekommt. Dadurch weiß ich von Dans Auftritten in New York, Dallas, Paris, Berlin, Hamburg, München, Bordeaux, Barcelona, und Los Angeles – und er weiß von meinen Auftritten in Bad Kreuznach, Hochstätten oder Meddersheim.

Freunde sind wir geblieben, weil eine einzige persönliche Begegnung, wie wir sie hatten, ausreicht, um zwei ein Leben lang miteinander zu verbinden.

...

Da hatte ich intuitiv den richtigen Raum für eine Musikergeschichte gewählt. Ich nahm eine akustische Gitarre von der Wand, stimmte sie und spielte einen Blues in Es-Dur. Im Geist hörte ich, wie Dan einstieg und mitspielte, kaum hörbar erst, die Töne hingehaucht, dann immer klarer und deutlicher, ein Chorus schöner als der andere. Danach stellte ich die Gitarre zurück und wandte mich der nächsten Geschichte zu.

...

Ich hab dich zu viel lieb –
das große Fest der Cilly Peiser

Ich bin mit der Fotografin Gerlinde Heep zur Feier des 85. Geburtstages unserer gemeinsamen Freundin Cilly Levitus-Peiser nach Langen bei Darmstadt eingeladen. Drei Wochen zuvor war Cilly mein Gast bei der Sobernheimer Runde gewesen und hatte dort ihre Geschichte erzählt.

Am 22.Nobember 1938, zwölf Tage nach den Pogromen der »Reichskristallnacht«, sitzen die Schwestern Cilly, (13) und Jutta, (11) mit 24 anderen jüdischen Kindern aus Frankfurt im Zug nach Holland. Sie folgen einer Einladung der Holländischen Königin Wilhelmina. In Amsterdam besuchen sie die Schule, und Cilly macht eine Ausbildung als Säuglingsschwester und Kinderpflegerin. 1941 übernimmt die Kinderkrippe »Crèche« sie als Mitarbeiterin. 1942 wird sie von der Deportation »bis auf Weiteres« zurückgestellt, weil sie die Kinder eingesperrter, jüdischer Familien betreut.

Im Februar 1943 erfährt sie, dass Jutta in der Nacht abgeholt wurde und in der »Schouwburg« interniert ist, dem Sammelplatz für Juden vor der Deportation in die Vernichtungslager. Die Schouwburg liegt gegenüber der Crèche. Verzweifelt spricht Cilly Walter Süskind vom Jüdischen Rat Amsterdams an. Er rät ihr, sich an Alfons Zündler zu wenden, SS-Wachmann in der Schouwburg.

Alfons Zündler lässt sich von Cilly eine Beschreibung Juttas geben. An dem Tag notiert Cilly in ihr Tagebuch: »Ich war bei dem nettesten SS-Mann, den es gibt!«

Alfons Zündler findet einen Weg, Jutta freizulassen. Nachts schleicht sie sich von der Schouwburg hinüber in die Crèche. Cilly erwartet sie beim Seiteneingang. Die restlichen zwei Kriegsjahre überleben die Schwestern, wie 4.500 andere jüdische Kinder, in wechselnden Verstecken.

Die Feier zu Cillys 85. Geburtstag ist ein rauschendes Fest. Da wird gelacht, gesungen und getanzt. Klezmermusik empfängt die gut 50 Gäste, eine bunte Schar Verwandter, Freunde und Nachbarn von Cilly. In ihrer Begrüßungsrede erzählt sie, was sie mit jedem von ihnen verbindet. So bleiben Fremde einander nicht lange fremd. Stolz teilt Cilly die Geburt ihrer Urenkelin Billie Wu Josephine mit, die – perektes Timing – 6 Tage zuvor gesund zur Welt gekommen ist.

Es ist schon spät, als Cillys Tochter Rina sich bei den Musikern ein Lied wünscht: »Ikh hob dich tsufil lib – Ich hab dich zu viel lieb«. Voller Hingabe singt Cilly Peiser das Lied mit. Dieser »jiddische Tango« könnte als Motto über ihrem Leben stehen. Sie liebt die Menschen und feiert das Leben als Fest. Immer ist darin Raum für andere

Menschen, auf deren Wohl sie bedacht ist und für die sie sich einsetzt. Im Englischen gibt es den Satz: »Practice what you preach – praktiziere, was du predigst« oder auch »lebe, was du lehrst«. Cillys Lehre ist ihr Leben. Sie redet nicht von Großherzigkeit, Menschlichkeit und Mut, sie ist großherzig, menschlich und mutig. Menschen wie Cilly sind für uns so wichtig wie klares Wasser, Brot und Rosen.

In der Nacht nach dem Fest erleidet Cilly in den Armen ihrer Schwester Jutta einen Herzstillstand.

Jutta ruft den Notarzt, der Cilly reanimiert. Auf der Intensivstation wird sie künstlich beatmet. Vier Tage darauf stirbt sie friedlich und wird zwei Tage später auf dem Jüdischen Friedhof in Frankfurt beerdigt. Ihr Enkel Daniel meint: »Das war wieder mal typisch Cilly. Hat bestimmt gedacht: ›Jetzt, wo der Urenkel da ist, kann ich ja gehen. Sollen die andern mal machen.‹« Gut möglich, dass er Recht hat.

...

Im Geist hörte ich Cillys Gesang, vom Schluchzen der Klezmer-Klarinette umschmeichelt. Nachdem das Lied geendet hatte, war die Klarinette weiter zu hören, als ob sie mich zur nächsten Geschichte leiten wolle.

...

Mr. Spocks Vermächtnis –
von vollkommenen Momenten und Mist

Der amerikanische Schauspieler Leonard Nimoy war als Darsteller des Mr. Spock in der Serie »Raumschiff Enterprise«/»Startrek« bekannt. Als er starb, bekundeten weltweit Tausende ihre Trauer: Filmfans, Kollegen und Freunde.

Wenn ich ehrlich bin, muss ich sagen, dass Leonard Nimoy mir bis zu dem Tag wenig bedeutet hatte. Natürlich kannte ich den Mann mit den spitzen Ohren aus dem Fernsehen und amüsierte mich, wenn er mit kühlem Verstand messerscharfe Analysen lieferte, ohne eine Miene zu verziehen, aber das war's dann auch. Science Fiction war nie mein Ding und wird es wohl nie werden.

Wenn ich trotzdem von seinem Tod bewegt war, hing das mit der Nachricht zusammen, die Leonard Nimoy vier Tage zuvor, bevor er ins Krankenhaus kam, über Twitter verbreitet hatte: »A life is like a garden. Perfect moments can be had, but not preserved, except in memory. Live long and prosper. – Ein Leben ist wie ein Garten. Vollkommene Momente können erlebt, aber nicht festgehalten werden, außer in der Erinnerung«. Der Vulkaniergruß »live long and prosper«, der wörtlich »lebe lang und gedeihe« bedeutet, wurde in der Serie mit »Friede und ein langes Leben« übersetzt.

Welch ein Vermächtnis, in dem Leonard Nimoy die Summe seiner Lebenserfahrung auf den Punkt bringt. Ein Leben ist wie ein Garten – es gibt die Zeit des Blühens und Entfaltens, die Zeit des Reifens und Erntens – und es gibt die Zeit, auszuruhen, still zu werden und Kraft zu sammeln. In jeder Phase haben wir die Chance, vollkommene

Momente zu erleben, zu genießen – und wieder loszulassen. Nichts im Leben lässt sich festhalten. Was entsteht, vergeht, und im Garten wie im Leben ist es so, dass Mist, den man macht, zum besten Dünger für neue, vollkommene Momente werden kann, wenn er verrottet.

Den Gruß »live long and prosper« verbunden mit der Haltung der wie eine Schere gespreizten Finger der linken Hand, hatte der Jude Leonard Nimoy für seine Rolle als Halb-Vulkanier Mr. Spock entwickelt. Der Gruß geht auf den jüdischen Segen zurück, der mit dieser Handhaltung verbunden ist. Sie symbolisiert den Buchstaben Shin, der u. a. für »Schaddai« – der Allmächtige steht und für »Shalom« – Frieden.

Erst durch die Zeitungsmeldung über seinen Tod bin ich auf Leonard Nimoy aufmerksam geworden, auf den Menschen hinter der Rolle des Mr. Spock. Spät, aber nicht zu spät.

...

Ich stand auf, ging zum Speisesaal und setzte mich an meinen Platz. Wiederum trank ich Abendbrotkräutertee. Nach dem Essen ging ich auf mein Zimmer und ließ mich im Ohrensessel nieder. Als ich das Blaue Buch aufschlug und zu lesen begann, fühlte ich mich wie am ersten Tag nach meiner Ankunft, als ich in diesem Sessel die erste Geschichte gelesen hatte.

...

Ich und Bill Gates

Ich und Bill Gates – ein verlockendes Angebot

Heute Nacht im Traum sagte Bill Gates zu mir: »Gerhard, ich habe meine 96 Milliarden Dollar so satt. Ich möchte ein einfaches Leben führen, so wie du. Lass uns tauschen.«

Ich antwortete: »Augenblick mal, 96 Milliarden, das sind doch 96.000 Millionen.«

Er nickte, und ich fuhr fort: »96.000 Millionen Dollar? Da fällt mir so manches dazu ein. Na gut, von mir aus, einverstanden!«

Er räusperte sich: »Doch eine Bedingung musst du erfüllen: Du musst dich gut um das Geld kümmern. Mein Geld soll es gut haben.«

Ich sagte: »Lieber Bill, dein Geld wird es gut haben, denn wenn du es auf mein Konto überweist, steht dort endlich wieder ein Guthaben.«

Er schloss die Augen: »Mein Geld soll blühen und gedeihen wie Blumen in einem Garten. Wenn du mir bis heute Mittag um zwölf ein schlüssiges Geldgarten-Konzept präsentierst und die Geldgärtner, mit denen du es umsetzen willst, wird unser Tausch perfekt.«

Au weia! Bis zwölf – das waren es ja nur noch gut drei Stunden. Jetzt aber Tempo! Ich packte meine Vuvuzela von der Fußball-WM, setzte mich aufs Fahrrad, fuhr zum Marktplatz, betrat die Sparkasse um 9.03 Uhr und blies die Vuvuzela, dass die Wände wackelten. Nachdem sich der erste Schreck bei den Mitarbeitern gelegt hatte, rief ich: »Leute, meint ihr, wir könnten zusammen 96 Milliarden Dollar zum Blühen, Wachsen und Gedeihen bringen wie Blumen in einem Garten?« – und ich erzählte ihnen von Bill Gates' Angebot.

Da war vielleicht was los. Donnerwetter. Der Filialleiter stellte mir sein Büro zur Verfügung, damit ich Einzelgespräche führen konnte. Um halb elf war mein Masterplan fertig, und ich hatte feste Zusagen von acht Mitarbeitern, die bei meinem Kompetenz-Team mitmachen wollten. Ein Foto sollte den Beweis für ihre gärtnerischen Fähigkeiten liefern.

Sie spurteten nach Hause und kamen im Gärtnerdress und mit Gartenutensilien in der Hand zurück. Andere bauten währenddessen in der Schalterhalle eine Geldfarm auf, mit einem Huhn, das goldene Eier legt und einer emsigen Biene, die aus Zinsen Honig macht!

Dass der Fotograf sich verspätete, machte mich nervös. Als er um 11.51 Uhr endlich kam, stellten ich mich mit meinem Team in Positur. Um 11.53 Uhr sagte der Fotograf: »Bitte alle zu mir herschauen und lächeln. Cheese, please.«

Die Kamera piepste. Er sah auf: »Mist!«

»Was ist los?«, rief ich.

Er erwiderte: »Die Akkus sind leer; dabei hatte ich sie erst aufgeladen. Aber no problem! Ich habe Ersatzakkus in der Kameratasche im Auto liegen. Just a moment, please.«

Um 11.56 Uhr kam er mit der Tasche zurück: »Sorry, sonst habe ich immer Ersatzakkus dabei, und ausgerechnet heute … hat jemand von Ihnen vielleicht vier Mignon-Batterien für mich?«

Die Bankangestellten stürmten los und kamen mit genug Batterien zurück, um zehn Kameras zu bestücken. Er steckte vier in seine Kamera und meinte: »So, jetzt haben wir's gleich. Just a minute, please.«

Um 11.58 Uhr wiederholte er: »Bitte alle zu mir herschauen und lächeln. Cheese, please.« Er drückte drei Mal auf den Auslöser und strahlte: »Alles im Kasten. Alles im Griff. Everything cool. Von welchem Computer aus soll das Foto übertragen werden?«

Der Filialleiter und ich eilten mit ihm zu dem Computer, übertrugen die Fotos und mailten sie an Bill Gates. Kurz darauf wurde die Eingangsbestätigung angezeigt, mit Datum: Wed, 10 Jun 2015 03:01:58 p.m.

Ich wurde blass: »Bei einer Zeitdifferenz von 9 Stunden, bedeutet das eine Minute und 58 Sekunden nach 12 Uhr Mitteleuropäischer Sommerzeit. Unsere Mail ist eine Minute und 58 Sekunden zu spät eingegangen.«

Kurz darauf zeigte ein Tonsignal den Eingang der nächsten E-Mail an. Ich öffnete sie und las: »Hello Gerhard, deine Foto haben zu spät eingetroffen. Deshalb ich informiere: Unser Tausch nicht kommt zustande. Sorry. Yours Sincerely Bill Gates«.

Ich war fassungslos. An einer Minute und 58 Sekunden war der Tausch gescheitert. Nachdem ich den ersten Schock überwunden hatte, spürte ich aber, wie meine Erleichterung mit jedem Atemzug wuchs, weil mir im Verlauf der letzten drei Stunden klar geworden war, dass ein solcher Reichtum mich gezwungen hätte, mich ausschließlich mit

Geld zu befassen und ich nicht mehr die Muße gehabt hätte, eine Geschichte wie diese aufzuschreiben. Und mal ganz ehrlich, was sind schon schlappe 96 Milliarden Dollar im Vergleich zu einer solchen Prachtgeschichte.

…

Welch ein Traum! Ich und 90 Milliarden Dollar. Bei dieser Vorstellung musste ich grinsen. Das hätte was Schönes gegeben. Hätte einfach nicht zu mir gepasst. Aber das Huhn, das goldene Eier legt und die emsige Biene, die aus Zinsen Honig macht, die gefielen mir. Ich blätterte weiter zur nächsten Geschichte.

…

Mit Marmelade und Liebe – vom besten Brot der Welt

Sonntagmorgen. Nachdem ich die Brötchen für unser Frühstück ofenwarm in der Bäckerei gekauft habe, bin ich auf meiner sonntäglichen Besuchs-Tournee durch die Seniorenresidenz unterwegs, einer kleinen Rundreise zu meiner Nachbarin, der Blumen-Paula, zu unserer gemeinsamen Freundin, der Saarländerin Emmy, zu Christine, die sich mit 95 Jahren in den Fernsehmoderator Jens Hübschen verliebt hat, zur Kreuzworträtsel-Löserin Rita, ihrer Raucherfreundin Hanne und zu Ramona Römer. Unterm Arm habe ich einen Stapel Samstags-Zeitungen, für jede von ihnen eine.

Auf dem Weg zur Blumen-Paula höre ich schon im Flur vor dem Speiseraum, der um diese Zeit Frühstücks-Salon

ist, eine männliche Stimme: »Mach ich doch glatt, Herr Herrmann. Ich schmiere Ihr Frühstücksbrot mit Marmelade und Liebe.«

Das Brot will ich sehen, denke ich und gehe zum Frühstücks-Salon. Als ich ihn betrete, stellt Robert Weinsheimer gerade einen Teller mit zwei von ihm bestrichenen Frühstücksbroten an den Platz von Herrn Herrmann, der mit Heißhunger zu essen beginnt.

Ich wünsche allen guten Appetit und einen schönen Sonntagmorgen und sage: »Mit Marmelade und Liebe, das gefällt mir.« Robert lacht und meint: »Das ist das beste Rezept der Welt. So schmiere ich alle meine Brote. Und fürs Backen gilt dasselbe Rezept: Ob Brot, Weck oder Kuchen, ich hab' sie alle mit Mehl und Liebe gebacken.«

Ich frage: »Hier im Haus?« Robert lacht: »Nein, in Lauterecken, wo ich 30 Jahre lang als Bäcker gearbeitet habe, davon 13 Jahre selbstständig, in meiner eigenen Bäckerei.« »Und wie lange arbeitest du hier?«, will ich wissen. Robert rechnet nach: »Acht Jahre sind das jetzt auch schon wieder. Die Zeit vergeht.«

Frau Petermann am Tisch stimmt zu: »Kinder, wie die Zeit vergeht!« Herr Herrmann, der am letzten Schnittchen Robert-Spezial-Brot kaut, nickt zustimmend.

Ramona Römer kommt darüber zu und protestiert: »Die Zeit vergeht überhaupt nicht schnell. Sie zieht sich wie Kaugummi.«

»Wirklich?«, frage ich, »und warum?«

Ramona antwortet: »Ich warte doch schon seit Monaten darauf, dass ich endlich meine Ballonfahrt machen kann. Und rate mal, wer mit mir fährt.«

Während ich überlege, höre ich Roberts Stimme im Hintergrund: »… mit Luft und Liebe.«

»Ach so«, sage ich, »na klar, der Robert!«

»Genau«, antwortet Ramona und lacht, »mein guter Robert!«

Ich wünsche allen noch einen schönen Sonntag und nehme Roberts Rezept mit, um es gleich beim Sonntagsfrühstück zu testen und Baguette-Brötchen mit Pflaumenmus und Liebe zu schmieren, eines für mich und eines für Doro.

...

Kein Mensch nennt Pflaumenmus bei uns ›Pflaumenmus‹, »Latwerge« heißt das, gesprochen »Latwersch«. Mit reichlich Zimt und Nelken gewürzt, muss es stundenlang in riesigen Kupferkesseln köcheln und ständig mit Holzpaddeln gerührt werden, damit es nicht anhängt.

Seit ich als Jugendlicher in Avignon meinen ersten Asterixband auf Französisch gelesen hatte, erinnern mich Latwerge-Rührer an Miraculix, den Druiden, der in seinem Kessel den magischen Zaubertrank für die Bewohner des kleinen gallischen Dorfes braut, den Trank, in den Obelix als Kind gefallen war ... Sie erinnern sich?

Wie bin ich jetzt darauf gekommen? Ach so, die Geschichte mit dem Sonntagsfrühstück und dem Pflaumenmus. Ein krachig-frisches Brötchen, noch warm vom Backen, mit Butter und Pflaumenmus bestrichen, lässt einem das Wasser im Mund zusammenlaufen.

Ich kam zur vorletzten Geschichte.

...

Liebe für ein ganzes Leben – Lena und Hans

Zum ersten Mal bin ich Lena Markwart begegnet, als ich vorm Supermarkt die Körbe meines Fahrrads mit Einkäufen vollpackte und sie und ihr Mann Hand in Hand vorbeigingen. Sie lachte mir zu und sagte: »Hallo, Herr Engbarth, ich bin Leserin Ihrer Kolumne«. So kamen wir miteinander ins Gespräch. Später wechselten wir immer ein paar Worte, wenn wir uns in der Seniorenresidenz begegneten, wo sie jeden Nachmittag ihren Mann auf der Demenzstation besuchte. Einmal sind wir uns auch im Café begegnet, und dort erzählte sie mir, wie sie und ihr Mann sich 1961 kennengelernt hatten.

Lena war 24, als sie 1961 auf eine Partnschaftsanzeige in der Frankfurter Rundschau antwortete, in der ein Mann auf der Suche nach »einer liebenswerten Frau« war. Sie schrieb, dass seine Anzeige ihr gefallen hätte und fragte, ob er sie einmal anrufen wolle. Hans rief dann auch an und erzählte ihr Jahre später, dass er sich seinen Text Wort für Wort aufgeschrieben hatte, damit er vor Aufregung nichts Falsches sagen würde.

Offenbar hat er nichts Falsches gesagt, denn er und Lena trafen sich am 25. Februar 1961, um 18.30 Uhr, zum ersten Mal am Dominikanerplatz, der heute »Börneplatz« heißt und kehrten dann ins Restaurant »Alt Frankfurt« ein, aßen dort und schlotzten beim anschließenden Zug durch die Gemeinde noch den ein oder anderen Schoppen Wein. Dann brachte Hans Lena zu Fuß bis an die Haustür.

An dem Abend müssen schon gehörig Funken geflogen sein, denn die beiden verabredeten sich wieder. Nach einiger Zeit beschlossen sie, auf den Tag genau ein halbes Jahr nach ihrem ersten Treffen zu heiraten, doch im Römer, dem

Frankfurter Rathaus, waren am 25.08.1961 keine Termine mehr frei, und so wurde ein Tag früher geheiratet. 28 Jahre wohnten die beiden in der Waldschmidtstraße 71 in Frankfurt, bis sie 1991 bei einer Nahe-Wanderung Sobernheim kennenlernten, sich auf Anhieb in das Städtchen verliebten und herzogen.

Fasziniert höre ich Lena zu, die so lebendig erzählt, dass ich das Gefühl habe, mit dabei zu sein. Beim Erzählen erlebt sie ihre Gefühle von damals neu und wird wieder zu der 24-Jährigen von 1961 – und was immer sie sagt, sie sagt es mit Humor.

»Den hab' ich von meinem Vati. In seinen Wanderjahren als Schuhmachergeselle ist er viel herumgekommen und hat ein gutes Gespür für Menschen entwickelt. Ohne Humor hätte ich das nicht gepackt, als Hans' beginnende Demenz festgestellt wurde. Das war das Schlimmste, was mir passieren konnte, ihn nach und nach zu verlieren, doch ich liebe ihn wie am ersten Tag. Wir haben doch niemanden außer uns.«

Mir fällt ein Satz Marie von Ebner-Eschenbachs ein: »Menschen, denen wir eine Stütze sind, geben uns Halt im Leben.« Ich spüre in mir die Sehnsucht, einen Menschen so lieben zu können wie Lena ihren Hans liebt, und ich spüre die Sehnsucht, selbst ebenso geliebt zu werden. Und noch etwas fällt mir ein: die Antwort der Ärztin Ulrike Osten-Sacken auf meine Frage, was sie sich wünschen würde, wenn die Wunschfee ihr einen Wunsch freigäbe, was immer es sei: »Liebe für ein ganzes Leben«, war ihre Antwort.

Lena Markwart lebt das.

…

Ich war Lena doch erst vor vier Tagen im Café begegnet, einen Tag vor meiner Abfahrt nach N., und nun stand die Geschichte schon in meinem Blauen Buch. Wie war das möglich? Beim besten Willen hatte ich keine Erklärung dafür.

Ich schlug die letzte Geschichte auf. Nach ihr folgten nur noch weiße Seiten. Vor meiner Abreise würde ich die Dame fragen, was es damit auf sich hatte.

…

Die Möhre und das Glück – was uns nährt

Nasrudins Esel stand am Anfang. Zum Grautier mit dem ausgeprägten Eigenwillen kommen wir nun zurück. Es heißt, die meisten Fehler passierten kurz vorm Ziel. Wenn das stimmt, muss ich kurz vorm Ziel sein und das schon 50 Jahre lang. Was ich in der Zeit alles falsch gemacht habe! Auf der anderen Seite, vielleicht waren die Fehler aber auch gar keine, sondern Hinweise darauf, dass meine Vorstellungen vom Leben anders sind als die Vorstellungen, die das Leben von mir hat, wobei es scheint, dass wir beide nach der Methode »Versuch und Irrtum« vorgehen, das Leben und ich.

Ich überlege: Wenn es nötig ist, etwas falsch zu machen, um herauszufinden, was richtig ist, kann es kein Fehler sein, sondern ist eher so etwas wie der Zuruf »eiskalt« beim Kinderspiel »Topfschlagen«, als wir mit verbundenen Augen durchs Wohnzimmer krochen und mit dem Kochlöffel auf den Boden schlugen, um den Topf mit der darunter versteckten Süßigkeit zu finden.

Ist das »das Ziel«? Und was heißt »kurz vorm Ziel zu sein«? Entspringt es nicht kindlichem Wunschdenken, zu

164

meinen, es gäbe einen Zustand, in dem all unsere Probleme dauerhaft gelöst wären und wir den Rest unserer Tage glücklich und zufrieden verbringen könnten?

Wenn wir glauben, dass es diesen Zustand gibt, werden wir alles tun, ihn zu erreichen, und dabei geht es uns wie dem Esel, vor dessen Augen eine Möhre baumelt, die mit einer Schnur an einem Stock auf seinem Rücken befestigt ist. Natürlich will der Esel die Möhre fressen, doch so sehr er sich anstrengt, so schnell er auch rennt, es nützt nichts: Er kommt seinem Ziel keinen Schritt näher.

So jagen wir dem Glück hinterher, bis wir stehen bleiben und uns fragen: »Was mache ich da eigentlich?« Und wir erkennen, dass die Möhre aus Plastik ist und dass es Gras und Disteln am Wegesrand waren, die uns satt gemacht haben, lauter Zeugs, das wir für Unkraut hielten.

Was fange ich mit dieser Einsicht an? Entweder kriege ich die Krise, weil ich erkenne, dass ich einem Trugbild nachgelaufen bin, oder ich sage mir: »Immerhin, sie hat mich weit gebracht, die olle Plastikmöhre. Ohne sie wäre ich nicht dort, wo ich jetzt bin.«

Und wo bin ich? Ich schaue mich um. Ich sehe den Weg und was ich am Rand gefunden habe an Gräsern und Kräutern, an Disteln und Dornen, an Brennnesseln und Fallobst. Und ich erkenne: Das ist es, was mich genährt und gesättigt hat, nicht Korn aus Futterkrippen, nicht Weizen, Gerste, Roggen oder Hafer.

Und welcher Möhre laufe ich so lang, wie lange schon, hinterher? Der Sehnsucht, ein Buch zu hinterlassen, in dem alles steht, was ich vom Leben gelernt habe, dieses Buch?

...

PENSION ZUM GLÜCK – DIALOG IM KRÄHENNEST

Da lag ich auf meinem Bett und dachte über die letzten drei Tage nach: Was hatten Sie gebracht? Zu welchen Einsichten hatten sie mich geführt, zu welchen Erkenntnissen war ich gekommen? Was blieb, wenn ich den Schlussstrich unter meinen Aufenthalt in der Pension zum Glück zog?

Als die Gedanken anfingen, sich im Kreis zu drehen und zu verknäulen, fiel mir der Satz ein, den der Vater meiner Nachbarin Anne zu ihr gesagt hatte: »Schmeiß mal auf den Tisch. Wir sortieren das zusammen.«

Das wollte ich jetzt auch tun. Ich drückte die Rezeptions-Taste des Telefons.

»Hätten Sie Zeit für mich?«, fragte ich.

»Aber ja. Was kann ich für Sie tun?«

»Ich habe verschiedene Fragen zum Blauen Buch.«

»Dann schlage ich vor, dass wir unser Gespräch im Krähennest führen. Es gibt keinen besseren Ort, um den Überblick zu gewinnen.«

»Ich werfe mir noch etwas Wasser ins Gesicht.«

»Werfen Sie. In zehn Minuten hole ich Sie ab.«

»Einverstanden.«

Als wir die Stufen zum Krähennest hochstiegen, hatte die Dämmerung schon eingesetzt. Die Häuser des Ortes lagen unter uns: die beiden Kirchen, das Rathaus, der Markplatz, der Friedhof, die Hauptstraße, in einiger Entfernung der Fluss und noch etwas weiter entfernt das Lichterband der Schnellstraße in die Kreisstadt, wohin die meisten Bewohner von N. zur Arbeit pendelten. Mit der Zeit gingen immer mehr Lichter in den Häusern an, während die Dunkelheit allmählich alles verschluckte, das nicht beleuchtet war.

»Wie kann ich Ihnen helfen?«, fragte die Dame.

»Ach, wissen Sie, nachdem ich die ersten Geschichten im Blauen Buch für Déja-vus oder Träume gehalten hatte, sind sie mir nach und nach immer nähergekommen oder besser gesagt: Ich bin den Geschichten nähergekommen. Immer besser habe ich mich erinnern können, doch habe ich keine Ahnung, wie die Geschichten in das Buch gekommen sind und warum gerade sie ausgewählt wurden. Können Sie mir das erklären?«

Die Dame nickte. »Bestimmt haben Sie schon einmal Berichte über Bergsteiger gehört, die abstürzten und im Sturz ihr Leben wie im Zeitraffer vor sich ablaufen sahen.«

»Davon habe ich gehört.«

»Autofahrer berichten das gleichlautend.«

»Das stimmt. Meinem Freund Thomas ist das so gegangen. Als er auf kerzengerader Landstraße Vollgas gab und 170 drauf hatte, tuckert 30 Meter vor ihm ein Traktor mit einem Riesenhänger Heu auf die Fahrbahn und blockiert sie. In den Sekundenbruchteilen bis zum Aufprall sei sein Leben wie ein Film vor ihm abgelaufen, hat er erzählt, von Kindheit und Schule über die Lehre und die erste Liebe, bis zur Geburt seines Sohnes. Dann der Knall und die Stille danach. Thomas ist ein nüchterner Mensch, Kaufmann von Beruf, der sich nie mit Nahtoderfahrungen befasst hat, doch schwört er Stein und Bein, die Sache habe sich genauso abgespielt.«

»Sehen Sie! Und mit dem Blauen Buch bieten wir unseren Gästen dieselbe Möglichkeit, sich noch einmal entscheidende Szenen ihres Lebens in Nahaufnahmen anzuschauen und neu zu bewerten.«

»Dann könnte man sagen, dass die Geschichten im Blauen Buch den Szenen im Drehbuch eines Films entsprechen?«

»Genau das, den Szenen Ihres Lebensfilms.«

»Aber ohne Lebensgefahr und Unfallrisiko.«

Die Dame lächelte: »Ich möchte so sagen: Für unsere Gäste ist es natürlich angenehmer, drei Tage mit der Lektüre ihres Blauen Buches zu verbringen, als mit 170 Sachen in den Anhänger eines Traktors zu knallen oder am Matterhorn abzustürzen … « Sie zögerte.

Ich sah sie an: »… aber?«

»Aber wenn Sie durch die Lektüre Ihres Blauen Buches erkennen, dass Sie Chancen, die Sie hatten, ungenutzt verstreichen ließen, kann das ebenso schmerzlich sein wie am Matterhorn abzustürzen«, sie räusperte sich, »außerdem verfolgen wir mit den Blauen Büchern die Absicht, Größenkorrekturen vorzunehmen. Der Chef hat einmal Charles Bukowski zitiert: ›Das Problem der Welt ist, dass intelligente

Menschen voller Zweifel und Dumme voller Selbstvertrauen sind.‹«

»Was meinen Sie mit ›Größenkorrekturen‹?«

»Den Mutlosen Mut machen, zu ihrer Größe zu finden und die Aufgeblasenen auf ihr Maß zurückstutzen.«

»Und das funktioniert?«

»Nicht immer, aber oft.«

Ich dachte laut nach: »Den Mutlosen Mut machen, zu ihrer Größe zu finden – gut! Die Aufgeblasenen auf ihr Maß zurückstutzen – auch gut! Wie vielen Aufgeblasenen war ich begegnet, die ohne heiße Luft nur arme Würstchen waren.«

Die Dame nickte: »Wenn Sie keine weiteren Fragen haben, würde ich mich jetzt gerne zurückziehen. Der Tag war lang, und ich bin müde.«

»Oh ja, natürlich«, antwortete ich, »aber könnten Sie mir noch eine Frage beantworten, bevor Sie gehen?«

Wieder nickte sie, und ich fuhr fort: »Was ist Ihre Funktion hier, und wer ist der Chef? Ist er es, der gesagt hat, das Glück habe keine Stätte und wir seien nur glücklich, solange wir es suchten?«

Sie lachte: »Genau genommen sind dies drei Fragen, Sie Schlingel, ich werde sie nach dem 3K-Prinzip beantworten: kurz, knapp und knackig auf den Punkt. Meine Funktion ist es, unseren Besuchern den Aufenthalt hier so angenehm wie möglich zu gestalten, sie am Empfang und im Reisebüro zu betreuen, sie im Restaurant zu bedienen, ihre Wünsche zwischen den Mahlzeiten zu erraten und, soweit möglich, zu erfüllen. Ich erinnere an die drei Karamellkekse zu Ihrem Cappuccino. Ich bin hier angestellt und gehöre nicht zur Geschäftsleitung.«

»Und wie lange arbeiten Sie schon hier?«

»Schon eine halbe Ewigkeit, viele Lichtjahre schon.«

»Lichtjahre?«

»Tze …, ›Jahre‹, natürlich meinte ich ›Jahre‹.«

»Und der Chef? Wie sieht er aus? Wie alt ist er? Wo wohnt er?«

»Jeder will wissen, wie der Chef aussieht, wie alt er ist und wo er wohnt, doch ich kann Ihnen keine Ihrer Fragen beantworten, weil ich den Chef noch nie zu Gesicht bekommen habe. Liebend gern würde ich Ihnen antworten, damit Sie es verkündigen und den vielen Spekulationen endlich ein Ende bereiten könnten.«

Die Dame lächelte über ihr Wortspiel ›endlich ein Ende bereiten‹.

»Sie haben den Chef noch nie gesehen?«

»Noch nie. Er hält sich immer sehr bedeckt.«

»Und wie kommunizieren Sie mit ihm?«

»Über das Haustelefon. Er ruft mich an, wenn er mich braucht, und umgekehrt. Und um Ihre dritte Frage zu beanworten: Mit dem Satz ›Das Glück hat keine Stätte und wir sind nur glücklich, solange wir es suchen‹, hat der Chef Julius Stinde zitiert, einen deutschen Schriftsteller, der im 19. Jahrhundert gelebt hat.«

Ich sagte: »Lassen Sie mich zusammenfassen: Sie wissen nicht, wie der Chef heißt, nicht, wie er aussieht und nicht, wie alt er ist. Gibt es denn etwas, das Sie positiv von ihm wissen, etwas, das Sie von ihm sagen können?

Die Dame räusperte sich: »Entschuldigen Sie, aber ich muss Ihre Nicht-Wissens-Liste um einen weiteren Punkt ergänzen. Also, ich weiß nicht, wie der Chef heißt.«

»Ja!«

»Ich weiß nicht, wie er aussieht.«

»Ja!«

»Ich weiß nicht, wie alt er ist.«

»Ja!«

»Und die ganze Zeit haben wir von ihm als ›er‹ gesprochen, sind also davon ausgegangen, dass der Chef ein Mann ist.«

»Genau!«

»Doch selbst das weiß ich nicht.«

»Aber Sie sagten doch gerade, dass Sie mit ihm telefonieren.«

»Eben. Deshalb. Seine Stimme. Für einen Mann ist sie reichlich hoch, für eine Frau hingegen ziemlich tief.«

»Dann müssten wir also ›divers‹ ankreuzen, wenn wir einen Fragebogen zu seiner Person auszufüllen hätten.«

»Stimmt. Daran hatte ich noch gar nicht gedacht.«

»Sie können also benennen, was Sie alles nicht von ihm wissen … und was wissen Sie von ihm?«

»Also, eines weiß ich ganz genau: dass der Chef den Laden hier am Laufen hält, und das, solange ich denken kann. Schon ewig lange sind wir ausgebucht, und wenn ich mir die Gästeliste anschaue, wird das auch in den nächsten dreihundert Jahren der Fall sein.«

»So lange im Voraus sind Sie ausgebucht?«

Sie nickte.

»Aber Leute, die, sagen wir mal, in 70 Jahren Ihre Gäste sein werden, sind heute doch noch gar nicht geboren. Wie ist das möglich?«

»Das frage ich mich auch. Das ist eines der Geheimnisse des Chefs. Keine Ahnung, wie er das macht. Da lässt er sich auch nicht in die Karten schauen, doch ich sage mir so: ›Warum soll ich mir darüber den Kopf zerbrechen, Hauptsache, er weiß, was er tut, und der Laden läuft.‹«

»A propos, läuft denn hier immer alles reibungslos?«

»Meistens schon. Hin und wieder kommt es zu Reklamationen, die aber in der Regel lösbar sind. Und was mich betrifft: Ich habe einen krisensicheren Job an einem Ort, an dem andere für immer wohnen möchten, aber nur drei Tage bleiben dürfen. Ich glaube, ich erwähnte das schon.«

»Ja, das sagten Sie bereits. Ich werde mir alles noch einmal durch den Kopf gehen lassen, und nun danke ich Ihnen für die Zeit, die Sie sich genommen haben und wünsche Ihnen eine gute Nacht.«

»Die wünsche ich Ihnen auch. Wir sehen uns beim Frühstück.«

Es war kurz vor Mitternacht, als ich in mein Zimmer kam. Ich wusch mich, legte mich ins Bett und löschte das Licht. In der Nacht schienen sich alle Bilder des Blauen Buchs zu einem einzigen Traum zusammenfügen zu wollen: Der alte, schwarze Mann aus New York fischte Ditmars linken Schuh aus der Düssel und überreichte ihn Günseli; Nasrudin stand an der Walmart-Kasse und legte ein Barometer auf das Kassenband; der Kunde nach ihm war Louisiana Red, der seinen Einkaufswagen mit Gitarren-Slides aller Art vollgeladen hatte: Slides aus Messing und aus Kupfer, Slides aus Edelstahl rostfrei und aus Glas; Jimmy Rogers saß hinter der Kasse und erklärte Red das Engbarthsche Gesetz; der Pastor beerdigte einen Zettel, auf dem stand »Ich wünsche mir eine liebe Mama«; Hannah sammelte mit Heinz Risswig und Jo Deckarm Kastanien auf dem Friedhof; die Creole Zydeco Farmers schoben Doros Auto von Pforzheim nach Sobernheim; die Autobahnpolizistin hatte ihre Taschenlampe auf die Stirn des jungen, dynamischen und ehrgeizigen Kreditsachbearbeiters gerichtet; dort klebte ein Tausendmarkschein, auf dem stand: »Zur Hölle eineinviertel Meilen«; Guxuan schenkte Johnny Young seine schönste Blume, während Jodie Lynn Woodward mit Gudrun und Walter Wiest Zydeco tanzte und Karl-Heinz Schneider eine Polonäse von

99 Rebläusen anführte; die Wunschfee und Jolina schwebten Hand in Hand über das Nahetal und schenkten allen Kindern mit kreisrundem Haarausfall Echthaarperücken; Marcus Bauer spielte mit Lina Geib Rummy, während Dan Levinson auf der Klarinette eine Klezmer-Melodie spielte und von Bill Gates auf dem Banjo begleitet wurde und Cilly Peiser und Fritz Rau ritten auf Nasrudins Esel durch den Garten von Rina und Dieter Nenwig.

Als ich am Morgen erwachte, waren mir noch alle Traumbilder lebhaft präsent. Ich duschte und ging zum Frühstück, das ablief wie an den Tagen zuvor. Dann holte ich das Blaue Buch auf meinem Zimmer und ging zur Rezeption. Ich überreichte der Dame den Zimmerschlüssel, den sie ans Schlüsselbrett hängte. Ich hielt ihr das Blaue Buch hin, das am oberen Rand nun fast doppelt so dick war wie am unteren, weil ich so viele Geschichten mit Eselsohren markiert hatte.

»Sie brauchen es nicht zurückzugeben«, sagte sie, »es ist Ihr Exemplar, ein Unikat.«

»Vielen Dank«, antwortete ich. Eine Frage habe ich noch: Was hat es mit den weißen Seiten hinten im Buch auf sich?«

»Die Blanco-Seiten wurden freigelassen, damit Sie sie mit den Geschichten füllen können, die Sie ab heute erleben.«

»Danke«, antwortete ich, »danke für alles.«

Sie lächelte: »Viel Glück!«

Ich ging aus dem Haus und merkte, dass ich glücklich war.

Epilog: Um was es geht – Blues und Alltag

In der Danksagung ihres Buchs »Dem Leben vertrauen – Geschichten, die gut tun« schreibt die amerikanische Ärztin und Autorin Rachel Naomi Remen: »Meine tiefe Dankbarkeit gilt meiner Freundin Yola Jurzykowski, weil sie mich eines Abends aus Nepal anrief, um mir zu sagen, worum es in meinem Buch im Grunde gehe.«

Ach, hätte ich doch auch so eine Freundin, die mir sagen könnte, um was es in meinem Buch geht! Ihr Anruf müsste ja nicht gleich aus Nepal kommen, Ippenschied, Sumpfohren oder Siehdichfür würden genügen. Doch da mich niemand aus Ippenschied, Sumpfohren oder Siehdichfür anruft, habe ich mich selbst auf die Suche gemacht.

Ich war 14, als ich zum ersten Mal fragte: »Was ist ein gutes Leben, das zu leben sich lohnt? Was gibt uns Sinn? Was Halt? Was treibt uns, und was trägt uns?« Doch weder in den Fächern Physik und Religion fand ich Antworten, die mich befriedigt hätten, noch später bei den akademischen Philosophen, deren Fachjargon so aufgeplustert und gespreizt daherkam, dass ich keine Berührungspunkte mit meiner Lebensrealität erkennen konnte. Doch als ich mit fünfzehn Jahren am Fernseher in die Aufzeichnung des »American Folk Blues Festivals 1965« geriet, meine Nackenhaare sich stellten und Gänsehaut mir den Rücken runter und wieder hoch lief, wusste ich: Das ist es! Was »das« war, wie tief »das« ging, wie lange »das« anhalten würde, wusste ich nicht, ich wusste nur: Das ist es – und das war genug!

Nun war ich mit dieser Erfahrung ja nicht allein. Tausenden, die sich am Blues infiziert hatten, ging es ebenso. Den Spuren des American Folk Blues Festivals folgend, hatte sich das Blues-Virus von England aus über Europa in die ganze Welt ausgebreitet. Keith Richards, Mick Jagger und Eric Clapton sind die drei bekanntesten Musiker, deren Wurzeln im Blues liegen. 2016 sind die Rolling Stones zu ihren Wurzeln zurückgekehrt und haben die respektable CD »Blue and Lonesome« mit reinen Blues-Titeln vorgelegt.

Als ich Ende der 60er-Jahre meinen Bluesheroes Willie Dixon, Roosevelt Sykes, Bukka White, Johnny Young und Jimmy Rogers begegnet bin, war ich von ihnen als Menschen ebenso begeistert wie von ihrer Musik. Leben und Kunst waren eins, der Blues war ihr Brot und ihre Butter – und süßes, dunkles Pflaumenmus obendrein. Diese Männer bezogen ihre Kraft aus dem Blues und lebten ihn. Er war die Quelle ihrer Lebenskunst.

Als ich in den 80er- und 90er-Jahren mit Blind John Davis, Louisiana Red, Carey Bell und den Five Blind Boys of Alabama durch Deutschland, Belgien, Holland, Luxemburg, Österreich, Italien und die Schweiz tourte, sind der Blues und mein Alltag ebenso eins geworden und haben mich zum größten Lehrer überhaupt geführt, zum Leben selbst, doch war ich mir dessen nicht bewusst. Erst als ich daranging, dieses Buch zu schreiben, es in Kapitel einzuteilen und Zusammenhänge herzustellen, ist es mir klar geworden, wobei Phasen, die ich beim Durchleben als dunkel und schmerzvoll erlebt hatte, sich im Rückblick als Zeiten der Fülle, der Möglichkeiten und Chancen erwiesen, als Wachstumsphasen. Um es in ein Märchenbild zu fassen: Es waren die schweren Zeiten, in denen sich Stroh zu Goldfäden spinnen ließ, aus denen der Mantel des Glücks gewirkt ist.

Nun wusste ich auf einmal auch, worum es in meinem Buch geht: Ich erzähle Geschichten, die Antwort geben auf mein Fragen nach einem Leben, das zu leben sich lohnt. Ich erzähle vom Hunger und vom Brot, vom Durst nach Leben und von der Suche nach der Quelle. Die erstaunlichste Erkenntnis: Das Glück, nach dem ich so lange gesucht hatte, war immer da gewesen, hatte mich umgeben wie Wasser den Fisch.

Wer wie ich vom Blues zum »Lehrer Leben« geführt wurde, wird meine Geschichten mit besonderem Interesse lesen. Andere, die nicht vom Blues berührt wurden, haben auf anderen Wegen zum selben Lehrer gefunden. Jeder Suchende findet zwangsläufig irgendwann zu ihm. Sein Unterricht ist lebendig und faszinierend, oft gefährlich, manchmal lebensgefährlich, langweilig ist er mit Sicherheit nie.

Ab Ende 2008, als in der Zeitung meine wöchentliche Mundart-Kolumne »Alla dann« erschien, spürte ich immer stärker den Impuls, das, was ich vom Lehrer Leben gelernt hatte, in einem Buch zusammenzufassen. In diesem Buch habe ich 48 Texte 12 Themen zugeordnet und dabei bewusst darauf verzichtet, Deutungen vorzunehmen, sondern auf die Kraft der Geschichten vertraut, für sich selbst zu sprechen.

Anthony de Mello sagt: »Mag es auch üblich sein, der Wahrheit zu widerstehen, so ist es doch unmöglich, sich einer Geschichte zu verschließen. Sie überwindet unsere Burgmauern, gelangt in unser Herz und kann gerade dann, wenn wir es am wenigsten erwarten, wie eine Mine hochgehen und uns wachrütteln, ja umwandeln.« Von Anthony de Mello stammt ebenso der Satz: »Der kürzeste Weg zwischen zwei Menschen ist eine Geschichte«. Wo immer meine Geschichten Sie hinführen mögen, schicken Sie mir doch von dort eine Ansichtskarte. Ich bin gespannt und freue mich.

Danksagung

Mit meinem Dank will ich bei denen beginnen, über die ich geschrieben habe. Ohne euch keine Geschichten, ohne Geschichten kein Buch.

Danke, liebe Doro. 1001 Mal warst du geduldige Ersthörerin meiner Texte. Deine klugen Anmerkungen haben mir den Blick von außen ermöglicht. Danke für die 1001 Fotos, die du zu den Texten aufgenommen hast.

Danke, liebe Martina. Seit 2004 begleitest du mich und hast mir immer wieder Mut gemacht, meinen Weg mit diesem Buch zu gehen und an seinen Erfolg zu glauben.

Danke, liebe Julia. Über den Jahren des Lesens meiner Mundart-Kolumne in der Zeitung hast du nie aufgehört, mich zu erinnern: »Du musst ein hochdeutsches Buch schreiben.«

Liebe Rose, liebe Irmhild, lieber Ottwilm, ihr habt mich und dieses Buch unterstützt und gefördert, ohne euch wäre es nicht zur Welt gekommen. So will euch alle drei zu Paten nehmen.

Urheber der Zitate und Fotos

Seite 9 Mein Leitmotiv stammt aus dem Buch der amerikanischen Ärztin und Autorin Rachel Naomi Remen © Remen, Rachel, Naomi: Dem Leben vertrauen – Geschichten, die gut tun. Arbor Verlag, Freiburg 2013, www.arbor-verlag.de

Seite 15 Bad Sobernheim, 4. Mai 2011, Fritz Rau zu Gast bei der Sobernheimer Runde, Foto: Doro Betz

Seite 19 Düsseldorf, August 1969, Kinder aus der Notunterkunft Tichauer Weg und ich, Foto: Archiv Gerhard Engbarth

Seite 21 Im Dezember 1988 fuhren Gerlinde Heep und Rüdiger Heins einige Tage lang die Tournee mit den beiden Musikern Dr. Ross und Archie Edwards im Tourneebus mit, und ich war der Roadie; hier hat Gerlinde Heep die Hände von Archie Edwards fotografiert.

Seite 24 Bad Sobernheim, 20. Mai 2012, vorne sitzen »Mama« und »Papa«, Wilma und Manfred Hoffmann; dahinter stehen Nurettin, Günseli und Fatma Durmus, Foto: Doro Betz

Seite 28 Meddersheim, 22. März, 2012, wie Mullah Nasrudin sitze ich auf Wilhelm Springers Esel, Foto: Doro Betz

Seite 33 Jimmy Rogers, American Folk Blues Festival 1983, Foto: Klaus Mümpfer

Seite 36 Bad Sobernheim, 16. Januar 2012, mein Hackklotz in praktischer Anwendung des Engbarth'schen Gesetzes, Foto: Doro Betz

Seite 45 Niederalteich, 30. August 2014, die Um-Gehung, Foto: Doro Betz

Seite 52 Bad Sobernheim, Gottesbrünnlein, 13. April 2017, der Zettel des Jungen, der sich eine liebe Mama wünscht, Foto: Gerhard Engbarth

Seite 56 Bad Sobernheim, 30. September 2016, Kastanien auf dem Friedhof, Foto: Gerhard Engbarth

Seite 59 Bad Sobernheim, Februar 2019, Puppenwiege und Elefant, Foto: Gerhard Engbarh

Seite 65 Jennifer Heck im Kindergarten, ca. 1994, Foto: Archiv Gerhard Engbarth

Seite 68 Bad Sobernheim, Friedhof, 9. September 2015, Heinz Risswig und ich, Foto: Sven Görres

Seite 71 Meddersheim, Menschels Vitalresort, 5. Juni 2011, Joachim »Jo« Deckarm, Foto: Gerlinde Heep

Seite 73 Sobernheim, Juni 1991, Hubert Sumlin und Gerhard Engbarth, Foto: Archiv Gerhard Engbarth

Seite 77 Weinheim, 10. Juli 1994, The Creole Zydeco Farmers, vorne von links: Joe Richard: Akkordeon, Waschbrett und Gesang; Clarence »Jockey« Etienne: Schlagzeug; Leon »Murphy« Richard: Akkordeon und Gesang; hinten von links: Morris Francis: Bassgitarre und Gesang; Chester Chevalier: Gitarre; und Gerhard Engbarth, Tourneebegleiter, Foto: Gerlinde Heep

Seite 83 Bad Sobernheim, 9. Dezember 2012, Burkhard Goschs Hand (oben) und meine Hand, Foto: Doro Betz

Seite 91 Bad Sobernheim, 1. Oktober 2019, Schwester Sheri, Foto: Gerhard Engbarth

Seite 96 Bad Sobernheim, Saarplatz, 28. Juni 2012, der Engel bei der Bank und ich, Foto: Doro Betz

Seite 102 Bad Sobernheim, 24.Juni 2014, Guxuan Wang vor der Haustür, Foto: Gerhard Engbarth

Seite 104 Bad Sobernheim, 3. August 2012, Stefan Stenzhorns Hand (oben) und meine Hand, Foto: Doro Betz

Seite 108 Neuss-Grimlinghausen, 25. Oktober 1972, Johnny Young vor dem Hotel Minnesänger, Foto: Gerhard Engbarth

Seite 111 Booser Wehr, 19. Mai 2016, Simone Beisiegel und ich; ich habe auch das Selfie gemacht.

Seite 115 Pressefoto der Band »Blue Sister«, ca. 1991: Jody Lynn Woodward, Bassgitarre; Patty LaRue Harrison, Gitarre; Terry »Sticky T« Ford, Schlagzeug; Foto: Archiv Gerhard Engbarth

Seite 119 Kirn, Kyrauhalle, April 2017, Gudrun Wiest bei einem Konzert, Foto: Bernd Michael Hey

Seite 121 Bad Sobernheim, 19. Oktober 2012, Karlheinz Schneiders Danke-Schild, Foto: Gerhard Engbarth

Seite 125 Sobernheim, Herbst 1980, Günter Brambier (rechts) und ich, bei einer Hausausstellung der Firma Engbarth, Foto: Archiv Gerhard Engbarth

Seite 130 Hargesheim, Juni 2018, Jolina Weidmann bei ihrer Haarspende, Fotos: Christina Weidmann

Seite 133 Bad Sobernheim, 30. Juli 2012, morgens um vier ist die Welt noch in Ordnung, zumindest für Frühaufsteher, Foto: Doro Betz

Seite 136 Bad Sobernheim, Freizeitpark, 14. April 2016, ein Baum voll Glück, von links Leonie, Vanessa und Alyssa, Foto: Gerhard Engbarth

Seite 139 Sobernheim, 5. Dezember 1985, Louisiana Red und ich nach einem einstündigen Konzert in meinem Wohnzimmer, von SWR 1 live im Radio übertragen, moderiert von Wolfgang Layer, Foto: Gerlinde Heep

Seite 147 Dan Levinson (links) und Rosy McHargue, 1999, Foto: Archiv Gerhard Engbarth

Seite 150 Langen in Hessen, 30. Oktober 2010, die Schwestern Cilly Peiser (links) und Jutta Rosen, Foto: Gerlinde Heep

Seite 158 Bad Sobernheim, Seniorenresidenz, 7. Januar 2018, Robert Weinsheimer, nachdem er Frühstücksbrote mit Marmelade und Liebe geschmiert hat, Foto: Gerhard Engbarth

Seite 162 Bad Sobernheim, am Fußweg zwischen Seniorenresidenz und Berliner Straße, November 2019, Lena (rechts) und Hans Markwart, Foto: Gerhard Engbarth

Seite 165 Meddersheim, 22. März 2012, noch einmal Wilhelm Springers

Esel, diesmal mit einer Möhre vor der Nase; Augenblicke später hatte der kluge Esel die Faxen dick, schnappte sich die Möhre und fraß sie ratzeputz auf, Foto: Doro Betz

Seite 174 Auch meinen Epilog leite ich mit einem Satz Rachel Naomi Remens ein: © Remen, Rachel, Naomi: Dem Leben vertrauen – Geschichten, die gut tun. Arbor Verlag, Freiburg 2013 <u>www.arbor-verlag.de</u> – ein schönes Buch, das ich empfehle.